La Force qui naît de la Faiblesse

Grandir à travers la souffrance

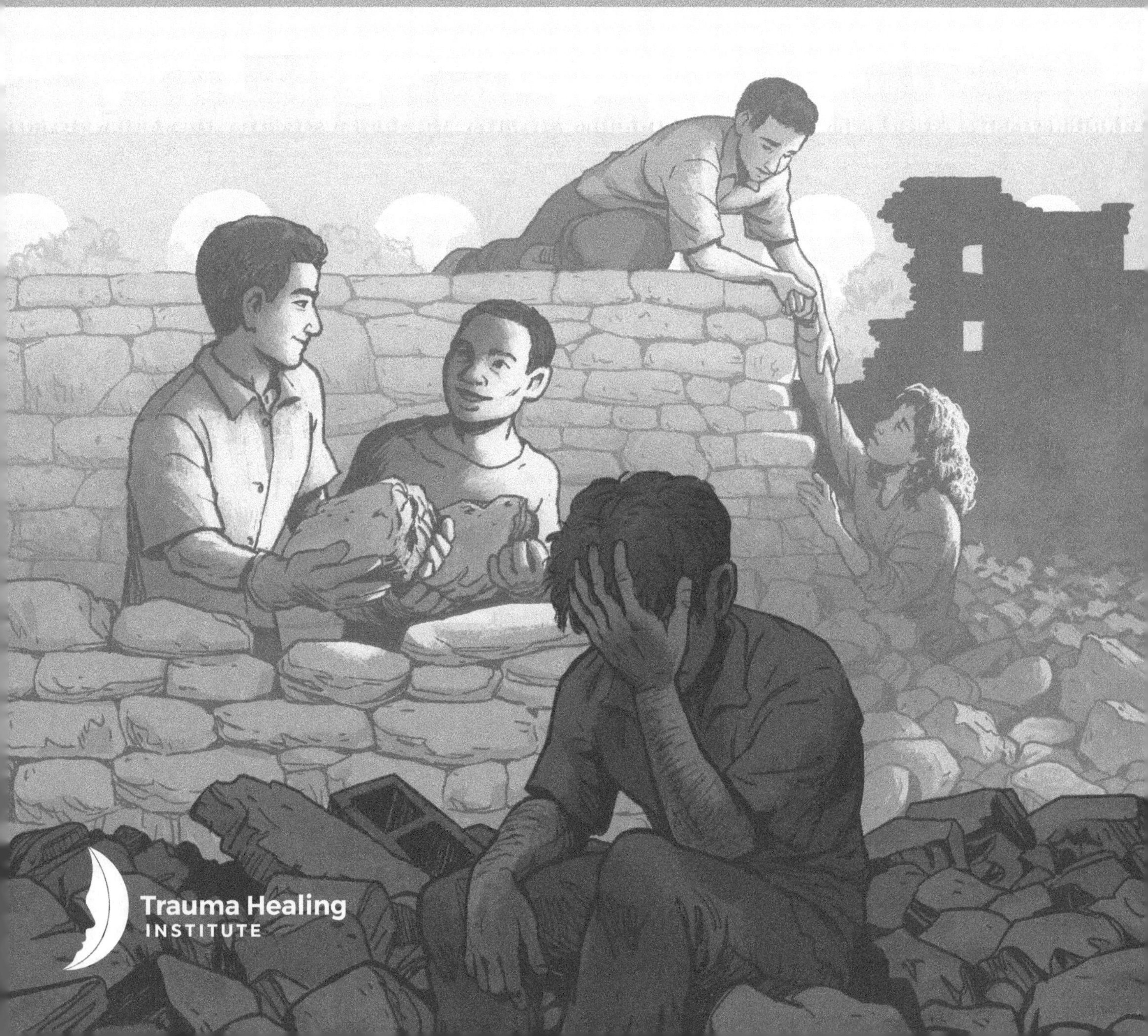

Trauma Healing INSTITUTE

La Force qui naît de la Faiblesse :

Grandir à travers la souffrance

LA FORCE QUI NAIT DE LA FAIBLESSE : GRANDIR À TRAVERS LA SOUFFRANCE

Par Harriet Hill

Collaborateurs : Margaret Hill, Godfrey Loum, Uwingeneye Baraka Paulette, Charles Adu Twumasi, Desiree Guyton, Carol King

Trauma Healing Institute
101 North Independence Mall East
Philadelphia PA 19106

traumahealinginstitute.org

Email : support@traumahealinginstitute.org

© 2022 Trauma Healing Institute, un ministère de l'American Bible Society. Tous droits réservés.

Sauf indication particulière, les citations bibliques en français sont extraites de la Bible « Parole de Vie » © Société biblique française – Bibli'O, 2000. Les citations bibliques indiquées (NBS) sont extraites de la Nouvelle Bible Segond, © Société biblique française – Bibli'O, 2002.

Certaines parties du contenu de cet ouvrage peuvent être des extraits de médias non commercialisables à usage des Églises ou de l'enseignement. Toute utilisation de ce texte doit inclure une mention exacte ainsi rédigée : Extrait de *La Force qui naît de la Faiblesse : Grandir à travers la souffrance,* accompagnée de la mention du copyright indiqué ci-dessus. Pour toute autre demande de citation ou de réimpression, veuillez vous adresser au Trauma Healing Institute.

Éditeurs: : Heather Drew, Peter Edman

Traducteurs : Guy Delarbre, Francine Leclerc

Réviseurs : Richard Winter, Richard Baggé, Philip Monroe, Debbie Wolcott

Illustrateur : Ian Dale

Composition : Peter Edman

Pour recevoir une formation afin d'utiliser ce livre en vue d'un ministère de guérison des traumatismes, consultez le site traumahealinginstitute.org ou écrivez à info@traumahealinginstitute.org.

ISBN 978-1-58516-372-4 | ABS Item 125339 (Paperback)
ISBN 978-1-58516-384-7 | ABS Item 125401 (ePub)

*Alors on les comparera à des arbres qui honorent Dieu,
à une plantation qui montre la gloire du Seigneur.
Ils relèveront les murs écroulés d'autrefois,
ils reconstruiront les maisons détruites depuis longtemps.
Ils redresseront les villes démolies,
ce qui est resté en ruines pendant plusieurs générations.*

Ésaïe 61.3-4

En effet, c'est quand je suis faible que je suis fort.

2 Corinthiens 12.9-10

Table des matières

Introduction 9

Temps de méditation : l'oignon 11

Leçon 1. Lutter avec Dieu 13

Leçon 2. Le bien et le mal 21

Leçon 3. Traumatismes et bénédictions transgénérationnels 29

Leçon 4. La honte et la culpabilité 39

Leçon 5. Utiliser nos émotions pour notre bien 49

Leçon 6. Les dialogues difficiles 57

Leçon 7. Chercher la réconciliation 65

Leçon 8. Trouver un but à sa vie 73

Leçon 9. Militer pour la justice 79

Cérémonie de clôture pour les sessions de formation 87

Ressources 89

Remerciements 93

À propos de l'auteur 95

Introduction

Ce livre est le deuxième d'une série, il est destiné à être utilisé après le premier livre, *Guérir les Traumatismes : ce que l'Église peut faire*. Le premier livre propose une aide pour guérir des traumatismes et du deuil, en s'appuyant sur des principes bibliques et de santé mentale.

Ce deuxième livre, *La Force qui naît de la Faiblesse*, propose aux victimes de traumatismes une aide pour grandir à travers leur souffrance et devenir plus résilientes, afin d'être mieux préparées à affronter la souffrance dans l'avenir. Il les aide à explorer un plus grand nombre de strates de leur traumatisme et de leur souffrance et à faire l'expérience de strates de guérison plus profondes. Il les aide à acquérir des capacités de relation avec les autres selon des voies plus saines. Ainsi les problèmes sont traités et une communauté forte et dynamique est (r)établie.

Pour finir, il aide à redonner une voix à ces personnes et il les aide à découvrir un but à leur vie. Cela peut consister à militer pour que justice soit rendue aux opprimés. La somme de tout cela permet d'augmenter la résilience.

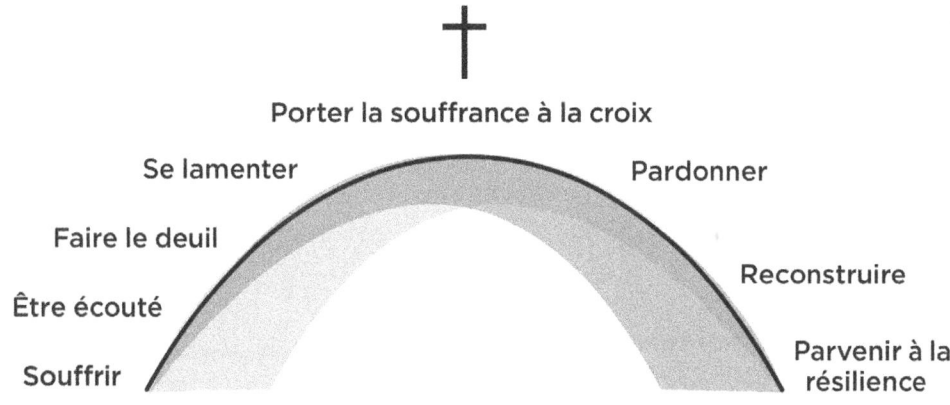

Figure 1. *Guérir les Traumatismes* et *La Force qui naît de la Faiblesse* augmenter la résilience

La figure 1 montre l'objectif privilégié de chacun des deux livres : *Guérir les Traumatismes* accorde plus d'attention à la première moitié de l'arc de la guérison des traumatismes, alors que *La Force qui naît de la Faiblesse* accorde plus d'attention à la seconde moitié.

Les deux livres sont surtout efficaces lorsqu'ils sont utilisés dans des groupes dirigés par des facilitateurs ayant reçu une formation. Contactez info@

traumahealinginstitute.org pour trouver un facilitateur ou une session de formation pour facilitateurs.

Pour apprendre à diriger des groupes, veuillez vous référer à *Guérir les Traumatismes, Guide du facilitateur pour les groupes d'accompagnement*. Lorsqu'ils dirigent des leçons, les leaders des groupes doivent mettre en pratique les principes qu'ils y auront appris.

Chaque leçon prendra un minimum d'une heure et demie. Si vous disposez d'assez de temps, travaillez sur toutes les leçons. Si votre temps est limité, choisissez les plus pertinentes pour votre groupe. Un temps approximatif est suggéré pour chaque section, afin de vous aider à organiser votre temps. Prenez le temps nécessaire pour introduire le sujet. Des instructions *en italique* ou en police sans empattement sont incluses pour guider le facilitateur tout au long de la leçon. Lisez ensemble au moins une partie des passages bibliques proposés, car la Parole de Dieu est importante dans le processus de guérison.

Pour recevoir une formation à l'utilisation de ce livre, consultez le site traumahealinginstitute.org/events. Des réponses aux questions fréquemment posées sur l'utilisation de ce livre sont proposées sur le site THI pour les facilitateurs.

Cet ouvrage n'est pas supposé diagnostiquer, traiter ou guérir des maladies. Il ne se substitue pas à un conseiller professionnel. Si vous utilisez cet ouvrage, vous vous engagez à comprendre cela.

Temps de méditation : l'oignon

Avant de commencer :

- Il vous faudra un oignon par participant. Il est préférable de placer les oignons au réfrigérateur pendant 24 heures pour atténuer l'odeur.
- Si possible faites cet exercice à l'extérieur.
- Disposez une bougie allumée sur chaque table pour absorber l'odeur. Vous pouvez aussi ouvrir portes et fenêtres pour faire entrer de l'air frais.

Pendant ce temps de méditation nous allons :

- Découvrir les strates qui se succèdent dans le traumatisme et la guérison.
- Réfléchir aux moyens d'augmenter notre patience pendant le processus de guérison.

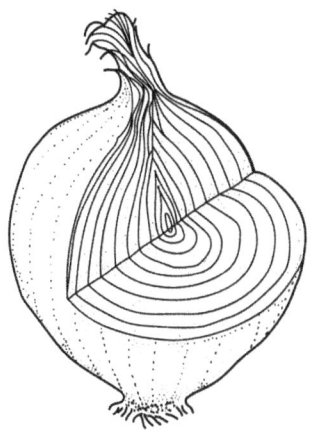

Figure 2. Le traumatisme a des couches ou des strates comme un oignon.

EXERCISE :

La Force qui naît de la Faiblesse nous aide à prendre en compte les strates les plus profondes de la souffrance que nous continuons à porter.

Que pouvons-nous apprendre de l'oignon sur les strates de traumatisme et de guérison ?

Faites le calme en vous-mêmes et commencez à ôter les couches successives de votre oignon. Servez-vous seulement de vos mains.

Qu'observez-vous ? Que ressentez-vous ? Que sentez-vous ? Contentez-vous d'observer. Ne cherchez pas à appliquer cela à la guérison.

Quand tout le monde a terminé, partagez dans le grand groupe ce que vous avez observé. Puis réfléchissez à ce que cela implique pour les strates successives de traumatisme et de guérison, en posant des questions ouvertes. Par exemple, quand vous commencez à prendre conscience que vous avez subi un traumatisme, vous pouvez être en colère, puis au fur et à mesure que le temps passe, vous pouvez être tristes, et plus tard anxieux. Discutez de cela en groupe.

Leçon 1. Lutter avec Dieu

Avant de commencer :

- Pour la section 1 : Choisissez comment vous allez présenter l'histoire.
  - Préparez des morceaux de papier avec les versets bibliques.
  - Préparez une feuille de conférence avec le diagramme des trois villages.
- Pour la section 2 : Préparez un une feuille de conférence avec le dessin du distributeur automatique de billets.
- Pour la section 3 : Préparez des feuilles de papier avec les versets bibliques.

Pendant cette séance nous allons :

- Découvrir comment mieux donner du sens à notre expérience de la souffrance et à notre foi.
- Comprendre que le chagrin peut impliquer une lutte avec Dieu.
- Nous rendre compte que la lutte avec Dieu peut manifester notre foi plutôt que le doute.
- Nous exercer à cesser d'essayer de contrôler Dieu.
- Faire l'expérience d'un temps de repos dans l'amour de Dieu.

Introduction de la séance

Vous est-il déjà arrivé de traverser une période où vous ne pouviez pas trouver un sens à ce que vous viviez, alors même que vous avez foi que Dieu prend soin de vous et vous protège ? Cette expérience est fréquente après un traumatisme et un deuil. De même que Jacob a lutté avec un ange dans Genèse 32.22–32, il nous arrive de lutter avec Dieu tandis que nous essayons de comprendre ce qui nous est arrivé. Cela peut faire partie du « bon combat de la foi » (1 Timothée 6.12). Il nous est permis de nous lamenter, de lutter et de discuter. Dans la Bible, bien des gens ont lutté avec Dieu. Pendant cette séance nous allons nous intéresser à Job.

1. Job lutte avec Dieu (30 MIN)

Pour les groupes déjà familiers avec l'histoire, allez directement à la question pour la discussion en grand groupe.

Il y avait un homme appelé Job. C'était l'homme le plus riche de sa région, il possédait des fermes et des animaux en grand nombre. Il avait une nombreuse famille. C'était un homme bon, qui respectait Dieu et évitait le mal.

Un jour, Satan était venu auprès de Dieu, et Dieu lui demanda s'il avait remarqué combien Job était un homme droit, à qui on ne pouvait rien reprocher. Satan répliqua : « Et pourquoi ne te respecterait-il pas ? Tu lui as accordé de réussir dans tout ce qu'il fait ! Enlève-lui donc tout ce qu'il possède, alors il te maudira en face. » Dieu dit à Satan : « D'accord, tout ce qu'il possède est en ton pouvoir, mais ne touche pas à la personne de Job. »

Peu après un messager arriva chez Job et lui dit : « Des ennemis ont attaqué, ils ont volé tes bœufs et tes ânesses, et ils ont tué tes serviteurs. » Tandis qu'il parlait encore, un deuxième messager arriva et dit : « Dieu a envoyé un feu qui a brûlé tes moutons et tes serviteurs. » Il parlait encore qu'un troisième messager arriva et dit : « Des ennemis ont volé tes chameaux et tué tes serviteurs. » Puis, tandis qu'il parlait encore un quatrième messager arriva et dit : « Tes fils et tes filles étaient réunis pour un festin, et un vent violent a renversé toute la maison. Elle s'est écroulée sur tes enfants et les a tous tués.

Après avoir entendu cela, Job déchira ses vêtements et rasa sa tête en signe de son grand deuil. Il se mit à genoux, le front contre le sol et il rendit gloire à Dieu, disant : « À notre naissance, nous n'apportons rien, à notre mort nous n'emportons rien. C'est le Seigneur, lui seul, qui donne et qui reprend. Loué soit le nom du Seigneur ! En dépit de tous ces malheurs, Job ne commit aucune faute, et ne fit aucun reproche à Dieu.

Un peu plus tard, Dieu demanda à Satan ce qu'il pensait de Job maintenant. Satan dit : « Frappe le corps de Job pour le faire souffrir, et alors il te maudira en face. » Le Seigneur répondit : « D'accord, fait souffrir Job dans son corps, autant que tu veux, mais ne le fais pas mourir. »

Alors, Satan frappa Job d'une grave maladie de peau, de la tête jusqu'aux pieds. Job s'installa au milieu des ordures et il gratta ses plaies avec un tesson de poterie. Sa femme lui dit : « Tu ferais mieux de maudire Dieu et de mourir ensuite. » Job répliqua : « Tu parles comme une folle ! Nous acceptons le bonheur comme un don de Dieu ; alors pourquoi refuser le malheur ? »

Dans tout ce qui arriva, pas une seule fois Job ne fit un reproche à Dieu.

Un peu plus tard, trois des amis de Job arrivèrent pour le consoler. Quand ils virent à quel point il souffrait, ils se mirent à pleurer et à se lamenter. Puis ils restèrent à ses côtés pendant sept jours.

Enfin, Job brisa le silence et maudit le jour de sa naissance. Ses amis lui dirent que sa souffrance était la conséquence de ses péchés et de ceux de ses enfants.

Job répliqua qu'il n'avait commis aucun péché. Mais eux étaient certains que si Job était innocent, jamais Dieu n'aurait laissé ces événements se produire. Ils ne cessaient de l'accuser pour essayer de le convaincre d'avouer ses fautes. Finalement Job leur dit : « Comme consolateurs, vous ne valez rien ! » Au lieu de réconforter Job, ils avaient augmenté sa douleur.

Enfin, Job demanda à Dieu de lui expliquer ce qui se passait. Dieu lui répondit par des questions : « Comment ai-je posé les fondations de la Terre ? lui demanda-t-il, étais-tu présent ? Saurais-tu ordonner aux nuages de faire tomber une averse ? Ou encore, un éclair pourrait-il jaillir à ton commandement ? As-tu donné aux chevaux leur force ? » Et ainsi de suite, Dieu interrogea Job, question après question. Et chacune montrait que Dieu était plus puissant et plus sage que Job. Pour finir, Job déclara : « J'ai parlé comme un ignorant de choses qui me dépassent. »

Dieu était en colère contre les amis de Job parce qu'ils n'avaient pas dit la vérité sur Lui, le Seigneur. Il leur demanda d'offrir un sacrifice. Alors Job prierait pour eux et ils seraient pardonnés. Après cela, Dieu combla Job de bénédictions : il eut dix nouveaux enfants et deux fois plus de terres et de troupeaux qu'il n'avait eu auparavant. Il vécut jusqu'à un âge avancé et il vit ses arrière-petits-enfants.

DISCUSSION EN GRAND GROUPE

Qu'est-il arrivé à Job ?

Discutez de cela en grand groupe et complétez avec les éléments ci-dessous s'ils n'ont pas été mentionnés :

- C'était un homme riche, avec de nombreux enfants.
- Une tragédie l'a frappé et il a tout perdu en un seul jour.
- Son corps était couvert d'ulcères.
- C'était un homme bon qui respectait Dieu.
- Ses amis sont venus pour le consoler, mais en réalité ils ont augmenté sa douleur.

Job et ses amis croyaient que Dieu était juste, et que le cours de la vie était prévisible :

- Si nous obéissons à Dieu, il nous bénit.
- Si nous péchons, Dieu nous inflige des souffrances.

Ces certitudes leur faisaient croire qu'ils pouvaient tenir Dieu sous leur contrôle : s'ils lui obéissaient, il devait les bénir. Leur propre vie était la preuve que c'était vrai : ils avaient obéi à Dieu et ils étaient riches et en bonne santé.

Quand Job a tout perdu, ses amis en ont conclu qu'il devait avoir péché. Mais le livre de Job nous dit quelque chose qu'ils ne savaient pas – que Job n'avait commis aucun péché *(Job 1.1, 8, 22)*. Pour Job plus rien n'avait de sens. Sa souffrance immértiée mettait au défi ce qu'il avait compris de Dieu.

DISCUSSION EN PETIT GROUPE

1. En Job 7, quels sentiments Job exprime-t-il pendant sa lutte avec Dieu ? Quelles images utilise-t-il ?[1]
2. Comment Dieu répond-il ?
   a. *Job 38.1–5*
   b. *Job 39.9–12*
   c. *Job 40.3–10*
3. Comment Job répond-il à la fin ? *Job 42.1–6*
4. Contre qui Dieu est-il en colère ? Et pourquoi Dieu est-il en colère contre eux ? *Job 42.7–8*

Partagez les réponses en grand groupe et complétez avec les éléments ci-dessous s'ils n'ont pas été mentionnés :

- Dieu a créé l'univers et il l'a mis en ordre (*Job 6*), mais il existe aussi des bêtes sauvages. Nous ne pouvons pas contrôler Dieu, pas plus que nous pourrions contrôler les ânes sauvages (*Job 39.9–12*).
- Job s'est remis au contrôle plein d'amour de Dieu, Lui qui a créé l'Univers et qui en maintient l'existence. Job reconnaît la folie qu'il y aurait à penser qu'il peut comprendre ou avoir le contrôle sur Dieu (*Job 42.1–6*).
- Dieu ne condamne jamais Job pour avoir posé des questions avec dureté et colère. Au contraire, Dieu est en colère contre les amis de Job, parce qu'ils pensaient connaître la raison de la souffrance de Job. Il leur ordonne d'offrir un sacrifice, et loin d'être rempli d'amertume envers eux, Job prie pour eux (*Job 42.7–8*).

DISCUSSION EN GRAND GROUPE

Lequel des points ci-dessus compte le plus pour vous, et pourquoi ?

Dans *Guérir les Traumatismes* dans la Leçon sur le deuil, nous avons appris comment faire le deuil de ce que nous avons perdu en suivant un « chemin du deuil » qui traverse trois villages : le Village de la Colère et du Refus, le Village Sans Espoir, et le Village du Nouveau Départ. Job entreprend ce voyage douloureux.

- **Village 1 :** En Job 1–2, il semble indifférent à ces tragédies. Il dit : « Je suis sorti tout nu du ventre de ma mère. Je retournerai tout nu dans le ventre de la terre. » (1.21) Il refuse de se plaindre (2.10) et il loue Dieu.
- **Village 2 :** En Job 3–41, le ton change. Il lutte avec Dieu pour essayer de trouver du sens à ce qui est arrivé.
- **Village 3 :** En Job 42, il dit : « Maintenant je t'ai vu de mes yeux. »

---

[1] Le livre de Job vaut la peine d'être étudié plus en profondeur. Par exemple, lisez le chap. 6.1–17, 28–30 ; le chap. 9.1–22 ; le chap. 10.1–22 ; ou le chap. 21.1–17.

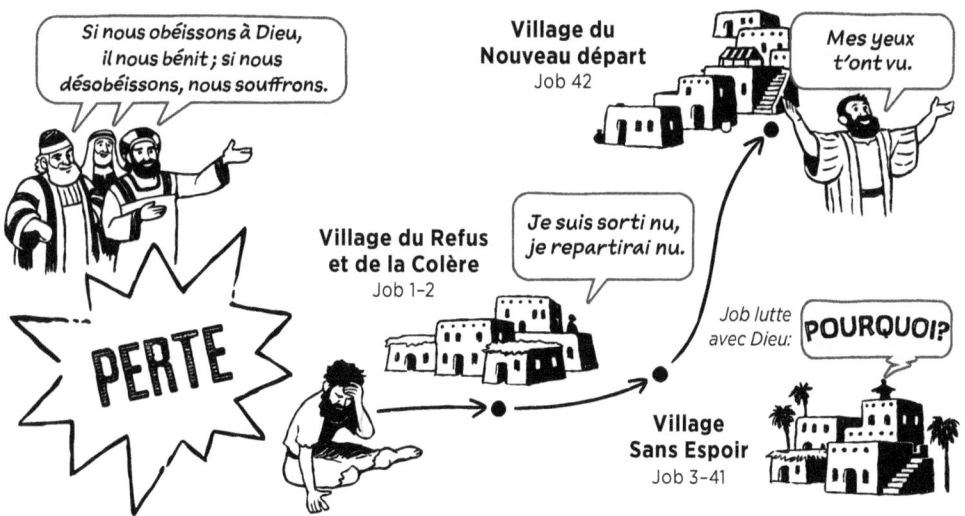

Figure 3. Le chemin du deuil de Job

DISCUSSION EN PETIT GROUPE

Rappelez-vous un moment de souffrance que vous avez traversé.

1. Est-ce que quelqu'un a dit avec insistance que c'était à cause de votre péché ? Si oui, qu'est-ce que cela vous a fait ?
2. Pendant ce temps de souffrance, avez-vous appris quelque chose de nouveau sur Dieu ? Expliquez.

2. Nous n'avons pas le contrôle sur Dieu (10 MIN)

Jouez un sketch représentant quelqu'un qui retire de l'argent à un distributeur automatique :[2]

- Jeanne insère sa carte bancaire dans le distributeur.
- Elle spécifie le montant désiré.
- Elle retire les billets (et éventuellement le reçu).
- Elle a un grand sourire.

Figure 4. Dieu ne ressemble pas à un distributeur automatique

DISCUSSION EN PETIT GROUPE

1. Pouvez-vous évoquer un moment où vous (ou d'autres personnes) avez attendu de Dieu

---

[2] S'il n'existe pas de distributeurs automatiques de billets dans votre région, prenez l'exemple d'un magasin. Vous donnez la somme d'argent exacte au/à la commerçant(e), et il ou elle vous vous tend l'objet acheté.

qu'il réagisse comme un distributeur automatique de billets ? Si oui, expliquez le raisonnement qui sous-tend cette réaction.
2. En quoi notre relation avec Dieu est-elle différente de notre relation avec un distributeur automatique ?

Partagez les réponses en grand groupe et complétez avec les éléments ci-dessous s'ils n'ont pas été mentionnés :

- Il est possible que nous partagions les mêmes croyances que Job et ses amis (par exemple : si nous obéissons à Dieu il doit nous bénir, selon le même système qu'un distributeur automatique). Mais notre relation avec Dieu est une relation d'amour, et l'amour exige la liberté.
- Nous avons la liberté d'obéir ou de désobéir, et Dieu a aussi la liberté de réagir.
- Parfois, nos émotions peuvent déborder.
- Nous pouvons être en colère contre Dieu parce qu'il nous surprend en ne répondant pas à nos demandes.
- Il est possible que nous ne comprenions pas ou ne voyions pas l'amour de Dieu.

3. Qu'enseigne la Bible à propos de la souffrance ? (25 MIN)

Que nous disent ces passages bibliques à propos de la souffrance et du péché ?

Hébreux 11.32-40   *Jean 10.10*
Luc 6.20-26   *Hébreux 12.5-11*
Romains 8.18-23   *1 Pierre 3.17*
Matthieu 5.45b

Partagez les réponses en grand groupe et complétez avec les éléments ci-dessous s'ils n'ont pas été mentionnés :

- Beaucoup de personnes ayant une grande foi ont souffert ; on parle d'elles comme « ces gens dont le monde n'était pas digne » *(Hébreux 11.32-40)*.
- Jésus a dit que ceux qui sont pauvres, affamés, ceux qui pleurent, ceux qui sont détestés, insultés ou exclus sont bénis. Mais des souffrances attendent ceux qui sont riches, bien portants et satisfaits *(Luc 6.20-26)*.
- Nous vivons dans un monde déchu où toute la Création gémit ; nous gémissons, le Saint Esprit gémit *(Romans 8.18-23)*.
- Les personnes bonnes et les gens mauvais souffrent tous *(Matthieu 5.45b)*.
- Satan continue à essayer de voler, tuer, et détruire *(Jean 10.10)*.
- Parfois la souffrance signifie que Dieu nous corrige avec amour pour que nous progressions *(Hébreux 12.5-11)*.

- Parfois nous souffrons quand nous faisons le bien (*1 Pierre 3.17*). Nous ne pouvons pas conclure que notre souffrance est toujours la conséquence de notre péché. Il se peut que Dieu utilise notre expérience de vie d'une manière dont nous ne sommes pas conscients.

4. À quoi ressemble la foi dans les temps de souffrance ?

(15 MIN)

Quand nous souffrons, à quoi ressemble la foi ? Parfois, c'est le moment d'exprimer ouvertement devant Dieu, dans une lamentation, que nous ressentons une trahison ou une déception, comme nous l'avons appris dans *Guérir les Traumatismes*. Job exprime crûment son combat, il nous donne un bon exemple à suivre.

DISCUSSION EN PETIT GROUPE

1. Pensez-vous que lutter avec Dieu est le signe d'une grande foi, ou un signe de doute ? Expliquez votre réponse.
2. À votre avis, pourquoi certaines personnes évitent-elles de lutter avec Dieu ? Et comment font-elles pour l'éviter ?

Partagez les réponses en grand groupe et complétez avec les éléments ci-dessous s'ils n'ont pas été mentionnés :

- Dieu accueille nos questions difficiles.
- Nos questions prouvent que nous croyons que Dieu est présent, qu'il nous écoute, qu'il est attentif, et qu'il nous répondra.
- Quand nous luttons avec Dieu à propos de ces questions difficiles, souvent nous éliminons de fausses croyances.
- Nous grandissons à travers notre souffrance, et nous découvrons une nouvelle étape dans la connaissance de Dieu – c'est-à-dire que c'est lui qui est au contrôle, et pas nous.
- Lutter avec Dieu peut sembler effrayant, mais en réalité c'est une compréhension de la vie beaucoup plus sécurisante et juste.
- Souvent, la seule chose dont nous sommes certains, c'est que Dieu nous aime.
- Nous ne comprendrons pas toujours pourquoi certaines choses arrivent.

5. Exercice final　　　(10 MIN)

Dans beaucoup de psaumes de lamentation, le psalmiste lutte avec Dieu, comme l'a fait Job. Après avoir lutté et s'être lamenté, le psalmiste du Psaume 131, arrive à peu près à la même situation que Job : une situation de paix et de satisfaction. Il se compare à un enfant sevré.

DISCUSSION EN GRAND GROUPE

Au moment de son sevrage, comment agit un enfant ?

Après avoir été sevré, comment agit-il ?

DISCUSSION PAR DEUX

1. Avez-vous un sujet de lutte avec Dieu ? Expliquez.
2. Voyez-vous une progression vers un plus grand repos, comme un enfant sevré ? Expliquez.

Figure 5. Comme un enfant sevré avec sa mère

RÉFLEXION PERSONNELLE

Faites le calme en vous-mêmes, fermez les yeux et écoutez ce psaume. Même si vous n'êtes pas encore totalement en paix, imaginez-vous pendant un moment, aussi satisfait qu'un enfant sevré.

Seigneur, mon cœur n'est pas hardi,
mes yeux ne s'élèvent pas ;
je ne m'engage pas dans des questions trop grandes
et trop difficiles pour moi.
Au contraire, je me suis fait calme et tranquille,
comme un enfant sevré avec sa mère ;
je suis avec moi-même comme un enfant sevré.

(Psaume 131.1–2, NBS)

Leçon 2. Le bien et le mal

Avant de commencer :

- Pour la section 1, préparez des feuilles de papier indiquant la répartition des participants dans les travaux de groupe.
- Pour la section 2, préparez des feuilles de papier avec les versets bibliques.
  - Préparez une feuille de conférence avec deux colonnes, une pour le bien, une pour le mal.
  - Disposez sur les tables du papier et des marqueurs, ou crayons, ou de la peinture pour chaque personne, pour participer à l'expression artistique.
- Pour la section 3, préparez quatre copies du sketch et choisissez quatre personnes pour le jouer.
- Pour la section 3, préparez des feuilles de papier avec les versets bibliques.
- Pour la section 4, préparez des feuilles de papier avec les versets bibliques.
- Préparez une feuille de conférence avec deux colonnes, une pour « Nourrir le bien dans notre vie » et l'autre pour « Nourrir le mal dans notre vie ».

Pendant cette séance nous allons :

- Discuter sur la nature du bien et du mal.
- Explorer les moyens de choisir le bien pour notre vie.
- Identifier les zones où nous sommes vulnérables au mal.
- Examiner le principe de « semer et moissonner ».

Introduction de la séance

Parfois lorsque nous souffrons, nous voyons comment les gens mauvais peuvent se comporter les uns envers les autres. Comment peut-on devenir aussi mauvais ? Et comment pouvons-nous choisir de consacrer notre vie à faire le bien ?

Si nous avons été victimes de traumatisme, la blessure que nous avons subie peut devenir une occasion pour Satan de pénétrer dans notre vie (*Éphésiens 4.27*). Il est possible alors que nous blessions les autres de la manière dont nous avons été blessés, même si nous n'en avons jamais eu l'intention (*Romains 7.15*). Les personnes blessées en blessent d'autres. Il faut savoir où sont nos faiblesses afin d'être particulièrement vigilants.

1. Caïn et Abel (25 MIN)

Après qu'Adam et Ève ont été chassés du jardin d'Éden, Ève met au monde deux fils. L'aîné s'appelle Caïn, le cadet Abel. Quand ils grandissent, Abel devient berger et Caïn cultive la terre. Un jour, Caïn apporte une partie de la récolte de son champ et il l'offre au Seigneur. De son côté, Abel apporte le premier-né de son troupeau, il l'égorge et il offre au Seigneur les meilleurs morceaux. Le Seigneur reçoit avec plaisir l'offrande d'Abel, mais il rejette l'offrande de Caïn.[3] ?

Caïn est furieux, la colère assombrit son visage. Alors le Seigneur dit à Caïn : « Pourquoi te mets-tu en colère ? Pourquoi ce visage sombre ? Si tu fais ce qui est juste, tu pourras sourire ; mais si tu agis mal, le péché est comme un animal couché à ta porte. Il veut te dominer, mais tu peux être plus fort que lui. »

Alors Caïn dit à Abel : « Sortons dans les champs ! » Quand ils sont dehors dans les champs, Caïn se jette sur son frère Abel et il le tue.

Le Seigneur demande à Caïn : « Où est ton frère Abel ? »

Il répond : « Je ne sais pas. Est-ce que je suis supposé être le gardien de mon frère ? »

Alors le Seigneur dit : « Pourquoi as-tu fait cette chose terrible ? Le sang de ton frère crie vers moi dans le sol, comme une voix qui réclame vengeance. Et maintenant tu es maudit, tu ne pourras plus cultiver le sol. Si tu essaies de faire pousser des récoltes, le sol ne produira rien pour toi. Tu iras toujours d'un endroit à un autre sur la terre, sans pouvoir t'arrêter.

Caïn supplie le Seigneur de lui faire grâce. Il a peur que quelqu'un le tue. Alors le Seigneur met une marque sur Caïn : ainsi celui qui le rencontrera ne pourra pas le tuer. Et Caïn part loin du Seigneur.

(*adapté de Genèse 4.1–16*)

Beaucoup plus tard, le Nouveau Testament mentionne Abel, comme celui qui, à cause de sa foi en Dieu, a offert un sacrifice meilleur que celui de Caïn (*Hébreux 11.4*). Quant à Caïn, il est fait mention de lui comme celui qui a tué son frère parce que ses actes étaient mauvais, et que ceux de son frère étaient justes (*1 Jean 3.12*).

> **DISCUSSION EN PETIT GROUPE**
>
> Dans cette histoire, Caïn a été mis devant des choix. Et chaque fois qu'il a choisi le mal, il a laissé le mal régner dans son cœur et il est devenu plus difficile pour lui de bien agir.
>
> Demandez à deux groupes d'imaginer et de préparer les sketchs ci-dessous. Les autres groupes peuvent réfléchir sur l'histoire biblique elle-même.

---

[3] Remarquer que le récit dit qu'Abel a offert les meilleurs morceaux de l'agneau premier-né de son troupeau, alors que Caïn a simplement apporté une partie de sa récolte.

Groupe 1 : Préparez un sketch qui imagine comment l'histoire aurait pu se terminer si Caïn n'avait pas laissé le péché le dominer quand Dieu a rejeté son offrande.

Groupe 2 : Préparez un sketch où Caïn, après avoir tué Abel, dit la vérité à Dieu quand celui-ci lui demande où est son frère.

Autres groupes : Lisez le récit biblique et discutez sur les choix faits par Caïn.

- De quelle manière les choix de Caïn ont-ils eu un effet sur lui ?
- Comment ont-ils eu un effet sur son entourage ?
- Comment les choix de Caïn ont-ils affecté sa relation avec Dieu ?
- Comment aurait-il pu agir différemment ?

DISCUSSION EN GRAND GROUPE

Lorsque vous présentez les sketchs discutez sur les points suivants :

1. Qu'apprenons-nous de cette histoire sur la manière dont le mal peut croître dans notre cœur ?
2. Qu'est-ce qui rend plus difficile de choisir ce qui est bien, juste après avoir fait de mauvais choix ?
3. S'il vous est arrivé de ressentir la même chose que Caïn, levez la main.

2. La nature du bien et du mal (25 MIN)

Que nous disent les versets suivants sur qui est affecté par le mal et comment ces personnes sont affectées ?

Romains 3.23 ; 5.12   *1 Pierre 5.8–9*
Psaume 14.1–3   *1 Jean 2.16*

Partagez les réponses et complétez avec les éléments ci-dessous s'ils n'ont pas été mentionnés :

- Tous, nous avons péché.
- Tous, nous avons la possibilité de faire du bien et du mal.
- Nous avons tous besoin de prendre conscience de ce qui, en nous, nous entraîne à faire ce que nous savons être mauvais. C'est un défi quotidien de choisir le bien.

> **RÉFLEXION INDIVIDUELLE**
>
> Mettez par écrit les trois premières choses qui vous viennent à l'esprit quand vous pensez à ce que votre culture considère comme :
>
> De très bonnes choses.
> De très mauvaises choses.

En grand groupe, partagez les idées de tous et établissez une liste de l'ensemble des réponses [une liste de ce que la culture considère comme bon, et une liste de ce que la culture considère comme mauvais].

Les diverses cultures ont des définitions différentes du bien et du mal. Par exemple dans certaines cultures, être généreux est mieux que n'importe quoi d'autre, alors que dans d'autres, être à l'heure est la caractéristique d'une bonne personne. Bien que les cultures soient diverses, la Bible nous aide à comprendre la nature du bien et du mal, valable pour tous les peuples et toutes les cultures.

> **DISCUSSION EN GRAND GROUPE**
>
> Que nous disent ces passages bibliques sur la nature du bien et du mal ?
>
> *Jean 8.44*   *Jacques 1.17–18*
> *Jacques 1.14–15*   *Proverbes 19.23*
> *Romains 6.16*   *Jean 1.4–5*

Partagez les réponses et complétez avec les éléments ci-dessous s'ils n'ont pas été mentionnés :

Le bien :

- est pur et véridique *(Jacques 1.17–18)*.
- conduit à la vie, procure la sagesse et la satisfaction *(Proverbes 19.23)*.
- est plus fort que le mal, et ne disparaîtra jamais *(Jean 1.4–5)*.

Le mal :

- est fondé sur le mensonge et la tromperie *(Jean 8.44)*. Comme Satan dans le jardin d'Éden, ou comme Satan avec Jésus dans le désert, le mal mélange la vérité et le mensonge pour nous tromper.
- il promet de nous rendre heureux, mais il ne peut ni délivrer ni satisfaire ; il nous laisse seulement désirer davantage *(Jacques 1.14–15)*.
- il conduit à l'esclavage et à la mort *(Romains 6.16)*.

ACTIVITÉ ARTISTIQUE

Réfléchissez sur la nature du bien et du mal. Divisez une feuille de papier en deux et faites un dessin (ou une autre expression artistique) représentant le mal d'un côté et le bien de l'autre. Puis retrouvez-vous ensemble en grand groupe afin que quelques-uns partagent ce qu'ils ont fait.

---

3. Connaître son ennemi (15 MIN)

Jouez ce sketch :

Personnages :
Jean
Le Tentateur
Le Saint Esprit

Jean sest assis sur une chaise. *Le Tentateur* derrière lui, murmure à son oreille gauche. *Le Saint Esprit* murmure à son oreille droite.

Jean est le trésorier de son Église. L'argent liquide est chez lui dans une boîte. Il vient d'apprendre que sa mère est très malade et a besoin d'argent pour aller à l'hôpital. C'est la fin du mois et il n'a plus d'argent.

Le Tentateur : Prends juste un peu de l'argent de l'Église. Tu pourras toujours le rendre le mois prochain.

Le Saint Esprit : Non, ne vole pas !

Le Tentateur : Tu ne prends pas soin de ta mère ? Elle a besoin de ton aide !

Le Saint Esprit : Cherche un autre moyen d'avoir de l'argent. Un ami peut t'aider, peut-être ?

Le Tentateur : Pourquoi vas-tu embêter tes amis ? L'argent est là, devant toi !

Le Saint Esprit : L'Église t'a fait confiance pour t'occuper de son argent. Ne trahis pas sa confiance !

Le Tentateur : Personne n'a besoin de savoir que tu prends l'argent. Allez, fais-le !

Le Saint Esprit : La Bible dit : « Tu ne voleras pas. » Quand on ne respecte pas la Loi de Dieu, ça n'a que des mauvaises conséquences !

Le Tentateur : Mais Dieu va comprendre cette situation. Après tout, c'est de la vie de ta mère qu'il s'agit !

Le Saint Esprit : Réfléchis ! Il n'y a pas un ami à qui tu pourrais demander de te prêter l'argent jusqu'à ce que tu touches son salaire ?

Le Tentateur : Non ! C'est trop honteux de demander de l'aide !

DISCUSSION EN PETIT GROUPE

Que devrait faire Jean ?

DISCUSSION EN GRAND GROUPE

Lisez les passages bibliques ci-dessous (tous ou quelques-uns) et discutez :

Comment ces personnages bibliques se sont-ils laissé duper par le mal ? Que pouvons-nous apprendre de leurs fautes ?

Adam et Ève : *Genèse 3.1–4*
David avec Batchéba : *2 Samuel 11.1–5*
Akan : *Josué 7.20–21*
Ananias et Saphira : *Actes 5.1–11*
Saül et Samuel : *1 Samuel 13.7b-14*

Partagez les réponses dans le grand groupe et complétez avec les éléments ci-dessous s'ils n'ont pas été mentionnés :

- Le mal ne peut pas s'emparer des territoires que nous ne lui avons pas donnés. Dans toutes ces histoires bibliques, les gens avaient le choix ; et nous aussi, nous pouvons choisir *(Matthieu 7.13–14 ; 23.37b)*. Nous devons être bien informés des mauvais desseins de Satan afin de pouvoir déjouer ses ruses *(2 Corinthiens 2.11)*.
- Notre cœur est trompeur et corrompu *(Jérémie 17.9)*. Nous pouvons toujours justifier nos péchés, en nous disant que ce n'est pas vraiment mal, pas mal pour nous, ou encore pas mal « étant donné les circonstances ». Nous pouvons aussi être justes la plupart du temps, mais garder un péché secret. Nous devons surveiller de près notre cœur trompeur.
- Nous avons besoin de discernement parce que le mal est toujours mélangé avec au moins un peu de bien.
- La honte peut nous empêcher de dire la vérité à nous-mêmes comme aux autres.

Malgré nos plus grands efforts, nous commettrons des fautes *(Romains 7.14–15)*. Quand cela nous arrive, nous pouvons confesser à Dieu nos manquements et être assurés de son pardon *(1 Jean 1.9)*. Pour résister aux tentations qui préparent le mal à venir, nous devons nous souvenir que Dieu a promis de nous aider quand nous sommes tentés et de nous montrer une issue *(1 Corinthiens 10.13)*.

---

4. Le principe des semailles et des moissons (20 MIN)

La Bible nous enseigne que nous récoltons ce que nous semons *(Galates 6.7–8)*. Mais cela ne veut pas dire que nous récolterons toujours exactement et seulement ce que nous avons semé, ou que nous récolterons immédiatement, ou que nous sèmerons toujours de bonnes choses. Mais en général, à terme, nous récoltons ce que nous avons semé, comme l'illustre cette histoire :

Un jour, un grand-père parlait à son petit-fils. Les temps étaient durs. La communauté était pauvre et les gens mouraient de faim. Les gens étaient insatisfaits, le mécontentement grandissait.

Le grand-père dit : « C'est comme s'il y avait deux loups qui se battaient dans mon cœur. Un des loups est assoiffé de vengeance, il est en colère et plein de violence. L'autre loup est rempli d'amour et de compassion. »

Alors, le petit-fils lui demanda : « Quel est le loup qui va gagner la bataille dans ton cœur ? »

Le grand-père répondit : « Celui que je nourris. »

Figure 6. Celui que vous nourrissez vaincra

DISCUSSION EN GRAND GROUPE

Nous semons le bien pour montrer notre amour envers Dieu, en réponse à son amour pour nous (*1 Jean 4.19* ; *Jean 15.10* ; *Éphésiens 2.8–10*), et non pas pour essayer de conquérir son amour ou ses bénédictions.

1. De quelle manière peut-on nourrir le bien dans sa vie ?
2. De quelle manière peut-on nourrir le mal dans sa vie ?

Lisez *Jacques 1.14–15*.

3. Comment ces passages bibliques mettent-ils en valeur l'histoire des deux loups ?
4. Alors, comment pouvons-nous nourrir le bien dans notre vie ?

Partagez les réponses dans le grand groupe et complétez avec les éléments ci-dessous s'ils n'ont pas été mentionnés :

- Parfois, nous semons quelque chose de petit (du vent) et nous récoltons quelque chose de grand (une tempête) (*Osée 8.7a*).
- Si nous nourrissons le mal, cela conduit à un avant-goût de l'enfer sur la terre. Si nous nourrissons le bien, cela conduit à un avant-goût du Ciel sur la terre (*Éphésiens 1.13–14*).

DISCUSSION EN PETIT GROUPE

Lisez les versets ci-dessous. Que disent-ils sur la manière de nourrir le bien ou le mal dans notre vie ?

Éphésiens 5.11	*Hébreux 10.24–25* ; *1 Corinthiens 15.33*
Jean 3.19–21	*Jean 8.44* ; *10.10*
Jean 8.32	*Philippiens 2.3–4*

Partagez les réponses en grand groupe et complétez avec les éléments ci-dessous s'ils n'ont pas été mentionnés :

Nourrir le bien dans notre vie	**Nourrir le mal dans notre vie**
Lumière : Rechercher la lumière, révéler les choses cachées.	Obscurité : Garder des secrets.
Vérité : Se nourrir de la vérité.	Mensonge : Se nourrir de mensonges.
Patience : Attendre ce qui sera juste, et de la juste manière.	Impatience : être prêt à voler, tuer et détruire pour remplir ses objectifs.
Humilité et attention aux autres.	Orgueil et complaisance envers soi-même. Égoïsme.
Amitié avec les gens qui aiment le bien.	Rechercher la compagnie de ceux qui aiment le mal.

5. Exercice final (5 MIN)

RÉFLEXION INDIVIDUELLE

1. Qu'est-ce que le Tentateur souffle à votre oreille ? Réfléchissez à ce qui pourrait vous tromper et vous conduire à mal agir.
2. Comment avez-vous vu la grâce de Dieu lorsque vous avez fait de mauvais choix ?
3. Si le mal vous a trompé(e), par quelles étapes pratiques pouvez-vous avancer ?

Priez pour le groupe, afin que chacun et chacune ait le courage et la force de faire ce qu'il ou elle doit faire pour surmonter le mal dans sa vie et favoriser le bien.

Leçon 3. Traumatismes et bénédictions transgénérationnels

Avant de commencer :

- Pour la section 2 : Disposez sur les tables une grande feuille de papier pour chaque personne.
- Pour la section 6 : Disposez sur les tables une petite pierre et un marqueur pour chaque personne.

Pendant cette séance nous allons :

- Examiner comment les traumatismes et les bénédictions peuvent traverser les générations.
- Réfléchir sur la tension entre le fait d'être victime d'un traumatisme intergénérationnel et celui de prendre la responsabilité de ses propres choix.
- Identifier dans notre propre famille les traumatismes et les bénédictions transgénérationnels.
- Trouver des idées pour faire cesser les cycles de traumatismes transgénérationnels.

Introduction de la séance

Quand nous pensons aux souffrances que nous avons traversées, il est utile de regarder au-delà de notre propre vie, l'histoire de notre famille et de notre communauté. Les traumatismes et les bénédictions sont, les uns et les autres, transmis d'une génération à la suivante. Pour traiter ces racines, nous devons d'abord les révéler.

---

1. L'histoire de Danièle (15 MIN)

Danièle a connu des temps difficiles. Mais sa vie est devenue un peu plus facile depuis que les troubles se sont calmés dans le pays. La ville où elle habite est plus paisible, et la ville voisine a été reconstruite. Les responsables du nouveau gouvernement semblent avoir le désir d'aider la population à se remettre. Danièle a l'espoir prudent qu'un nouveau commencement est possible et elle pense que fonder une famille avec son mari Jacques leur ferait retrouver la proximité qu'ils avaient quand ils se sont mariés quelques années auparavant.

Après plusieurs fausses-couches qui lui ont brisé le cœur, Danièle donne naissance à des jumeaux, Sarah et Philippe. La naissance des jumeaux remplit de joie le cœur de Danièle. Elle espère que Jacques passera plus de temps à la maison. Lorsque l'incertitude avait commencé à croître dans leur pays, il était bon de prendre soin l'un de l'autre et de se soutenir mutuellement. Mais depuis que Jacques est revenu de son service dans l'armée, il semble qu'il a oublié ce qu'ils avaient l'habitude de partager. Son passage dans l'armée l'a transformé. Il ne sourit que rarement et il passe souvent ses soirées hors de leur foyer, à boire pour noyer sa souffrance. Jacques a bien du mal à trouver un travail et quand il réussit, son comportement lui fait souvent perdre son travail.

Danièle s'est chargée de beaucoup de responsabilités pour nourrir la famille, elle travaille dur comme couturière. Elle se souvient quand elle était petite fille, elle regardait sa mère qui travaillait de longues heures pendant la nuit, en cousant pour subvenir aux besoins de la famille. Son père était mort lors d'un soulèvement qui avait eu lieu dans leur ville peu de temps après sa naissance. Danièle a entendu ses frères et sœurs plus âgés raconter que leur père n'était pas souvent à la maison. Mais sa mère ne parlait jamais de cela.

Danièle fait de son mieux pour offrir à ses enfants la sécurité et l'amour, mais il n'y a pas beaucoup de paix dans leur foyer. Comme sa mère, Danièle ne parle jamais de ses souffrances et de ses deuils. Souvent, le soir, Jacques crie sur Danièle, puis il quitte la maison. Lorsque Sarah et Philippe deviennent adolescents, il s'est déjà passé de nombreuses soirées où ils ont été effrayés, troublés et incapables de s'endormir. Bien que Danièle soit fatiguée et triste la plupart du temps, elle trouve que s'occuper de ses enfants donne un but à sa vie. Danièle et les enfants vont à l'église le dimanche. Ils y trouvent du repos et du réconfort. Jacques ne se joint jamais à eux.

Sarah et Philippe sont capable de mener des études à leur terme, mais Sarah a plus de difficultés que son frère parce qu'elle a souvent du mal à fixer son attention. Danièle souhaite désespérément aider ses enfants à profiter d'un meilleur avenir. Elle a donc épargné suffisamment d'argent au long des années pour les envoyer tous les deux à l'université de la ville.

Le frère et la sœur vivent ensemble pendant leurs études universitaires. Philippe commence ses études avec beaucoup d'intérêt et de motivation. Il se souvient combien sa mère a travaillé dur et il veut qu'elle soit fière de lui. Il passe la plupart de son temps à suivre des cours et à travailler. Le dimanche, il continue à aller à l'église.

Sarah ne réussit pas bien ses études. Elle trouve difficile de se concentrer, elle a des troubles de l'attention. Elle est contente de vivre en ville, c'est nouveau et passionnant. Philippe essaie de lui parler de sa préoccupation pour elle, mais elle refuse d'écouter et finalement elle déménage pour habiter de son côté.

Après avoir passé ses diplômes, Philippe peut trouver un bon travail. Quand leur père meurt, Sarah n'assiste pas aux obsèques. Elle a cessé de répondre au téléphone et aux mails, et plus personne de la famille n'a de contact avec elle.

Philippe et Danièle prient tous les deux pour qu'un jour ils puissent être réunis avec Sarah.

Puis, un jour, Philippe reçoit un appel de Sarah, qui semble paniquée. Elle dit qu'elle est dans un hôpital voisin. Dans le fond, Philippe entend un enfant pleurer. Sarah dit qu'elle ne peut pas retourner chez son petit ami, parce qu'il vient de frapper leur fille de deux ans, Abigaïl, qui est prise en charge pour une fracture du bras. « Philippe, dit-elle, je ne sais pas quoi faire. S'il-te-plaît, peux-tu nous aider à nous mettre en sécurité ? »

DISCUSSION EN PETIT GROUPE

1. Qu'est-ce qui a contribué aux difficultés vécues par Jacques et Danièle ?
2. Comment la vie de Sarah et de Philippe a-t-elle été influencée par celle de leurs parents ?
3. Quelles forces ont-elles été transmises de génération en génération ? Et quels défis ?

2. Qu'est-ce que le traumatisme et la bénédiction transgénérationnels ?   (30 MIN)

Un traumatisme transgénérationnel est un traumatisme qui est passé d'une génération à la suivante. Par exemple, les addictions, la violence familiale, le racisme et les préjugés sont souvent transmis des parents aux enfants. Une bénédiction transgénérationnelle est une bénédiction dont les enfants héritent de leurs parents. Cela peut inclure une solide foi en Dieu, l'intégrité dans les relations, une stabilité émotionnelle, un bien-être économique, et l'espérance pour l'avenir (*Exode 20.4–6*).

Un traumatisme transgénérationnel peut être transmis :

- par les enseignements et les modèles familiaux ou sociaux.
- de la mère à l'enfant pendant la grossesse.

DISCUSSION EN GRAND GROUPE

Comment les réactions aux traumatismes énumérées ci-dessous peuvent-elles affecter la capacité d'une personne à se comporter en bon parent ?

1. Revivre une expérience traumatique
2. Chercher à éviter une douleur en évitant toute émotion, être distant, avoir recours à des antidouleurs (drogues, alcool, médicaments)
3. Être en permanence en alerte, être tendu, effrayé

Partagez les réponses et complétez avec les éléments ci-dessous s'ils n'ont pas été mentionnés :

- Si nous grandissons dans une famille solide et aimante, c'est plus facile d'avoir une force intérieure.
- Si nous grandissons dans un foyer qui n'est pas sécurisant, nous risquons de transmettre la souffrance et l'insécurité à nos enfants, et le cycle se perpétue.
- Il peut nous être impossible de comprendre pourquoi nous continuons à vivre des émotions douloureuses.
- Même dans les situations difficiles, il y a une espérance.
- Les enfants qui ont subi des traumatismes peuvent guérir, même s'ils ne rencontrent qu'un seul adulte aimant dans leur vie.

ACTIVITÉ : FAIRE UN ARBRE GÉNÉALOGIQUE[4]

Pour explorer les traumatismes et les bénédictions transgénérationnels dans votre famille, faites un arbre généalogique. L'exemple de la figure 7 montre l'arbre généalogique de Danièle sur 4 générations.

- Servez-vous d'un crayon car vous aurez à effacer et corriger au fur et à mesure que vous avancerez.
- Il est possible que vous ne connaissiez pas toute votre famille. Inscrivez sur l'arbre toute la parenté que vous connaissez, les vivants et les morts. Si vous ne connaissez que peu de gens de votre parenté, inscrivez les gens qui sont pour vous « comme la famille ». Au fur et à mesure que vous en saurez plus sur votre famille, vous pourrez ajouter de nouveaux noms à cet arbre généalogique.
- Décidez combien de génération vous voulez représenter. L'exemple de la famille de Danièle inclut quatre générations, mais il n'inclut pas les générations qui précèdent sa mère. Faites une ligne pour chaque génération. Commencez par vous situer dans votre famille sur la ligne appropriée.
- Un trait horizontal entre deux personnes indique un mariage. Si un homme a plus d'une épouse tracez un trait oblique à partir de lui, en commençant par la première épouse à gauche. Tracez un trait vertical à partir du mariage pour indiquer les enfants, de l'aîné en haut jusqu'au plus jeune. Barrez avec un X tous ceux qui sont décédés.

---

[4] Pour le facilitateur : Tenez-vous disponible pour aider les participants à travailler sur leur arbre généalogique. Si cela provoque trop de souffrance pour quelqu'un, encouragez cette personne à faire une pause. Redonnez-lui l'assurance qu'il y a une espérance même si sa famille a transmis le traumatisme.

Arbre généalogique de Danièle

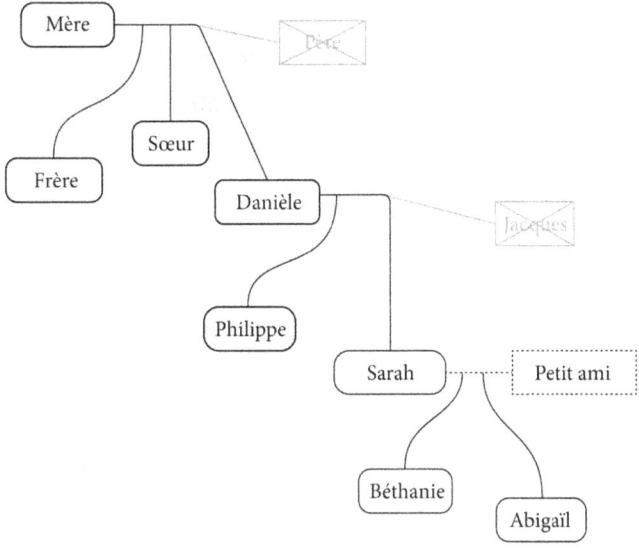

Figure 7. Exemple d'arbre généalogique

DISCUSSION PAR DEUX

Qu'avez-vous trouvé difficile dans cette activité ? Qu'est-ce qui vous a aidé(e) ?

Partagez les réponses.

Maintenant que vous avez dessiné votre arbre généalogique, dans la section suivante, nous allons réfléchir aux sources des traumatismes et des bénédictions qui peuvent avoir affecté les membres de la famille pendant plusieurs générations.

3. Identifier les traumatismes et les bénédictions transgénérationnels (20 MIN)

Dans *Guérir les Traumatismes*, il y a trois questions qui nous aident à écouter les personnes qui racontent l'histoire de leur traumatisme. 1) Que s'est-il passé ? 2) Qu'avez-vous ressenti ? 3) Qu'est-ce qui a été le plus difficile pour vous ? Dans le cas de traumatismes transgénérationnels, on peut avoir besoin de faire des recherches pour répondre à la première question : « Que s'est-il passé ? »

DISCUSSION EN GRAND GROUPE

Pourquoi est-ce difficile parfois de connaître son histoire familiale ?

Partagez les réponses et complétez avec les éléments ci-dessous s'ils n'ont pas été mentionnés :

- Souvent les familles cachent des expériences honteuses. Nous pouvons penser que nous connaissons tout de notre famille, et soudain un secret de famille est mis à jour. Par exemple, un oncle dont vous pensiez qu'il était mort de maladie, en fait s'est suicidé.
- Il n'y a pas de souvenir de ce qui s'est passé dans les générations précédentes.
- Les membres d'une famille peuvent avoir été séparés et avoir perdu le contact les uns avec les autres.

ACTIVITÉ : IDENTIFIER LES TRAUMATISMES ET LES BÉNÉDICTIONS TRANSGÉNÉRATIONNELS

Regardez votre arbre généalogique et pensez à chaque personne. Quelqu'un de votre famille a-t-il subi un traumatisme ? Lisez la liste ci-dessous et écrivez le mot ou son abréviation à côté de toute personne qui a subi une telle forme de traumatisme. Ajoutez tout autre traumatisme qui vous vient à l'esprit pour votre famille.

Addiction	Divorce/séparation	Maladie mentale
Violence familiale	Abus sexuel	Handicap
Mort soudaine	Infidélité	Maladie chronique
Suicide	Polygamie	Pauvreté
Prison	Enlèvement	

Ensuite, réfléchissez aux bénédictions importantes reçues par des membres de la famille. Lisez la liste ci-dessous et écrivez le mot ou son abréviation à côté de toute personne qui a vécu une telle forme de bénédiction. Ajoutez toute autre bénédiction qui vous vient à l'esprit pour votre famille.

Honnêteté	Foi en Dieu	Bienveillance
Courage	Fidélité dans le mariage	Patience
Sens de l'humour	Richesse	Éducation

DISCUSSION PAR DEUX

1. Avez-vous remarqué dans votre famille un schéma de traumatisme se reproduisant de génération en génération ? Expliquez.
2. Avez-vous remarqué dans votre famille un schéma de bénédiction se reproduisant de génération en génération ? Expliquez.

3. Y a-t-il des informations qui vous manquent à propos de votre famille ? Qu'en ressentez-vous ?
4. Que transmettez-vous à la génération suivante ?

---

4. Traumatismes et bénédictions transgénérationnels dans la Bible (15 MIN)

Que dit la Bible sur les traumatismes et les bénédictions transgénérationnels?

> **DISCUSSION EN PETIT GROUPE**

Lisez *Exode 34.6–7* et *Jérémie 18.7–10*.

1. Pensez-vous que Dieu nous punit pour les péchés de nos grands-parents, ou qu'il nous tient pour responsable des choix que nous faisons ? Comment conciliez-vous ces deux passages ?
2. Comment à votre avis les gens se situent-ils sur « le compteur de la responsabilité » ? Dans quelle mesure sommes-nous victimes de notre héritage familial ? Et dans quelle mesure sommes-nous responsables des choix que nous faisons ?
3. Où vous placez-vous aujourd'hui dans ce « compteur de la responsabilité » ?

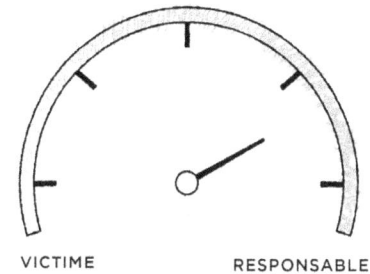

Figure 8. Compteur de la responsabilité

Partagez dans le grand groupe, puis complétez avec les éléments ci-dessous s'ils n'ont pas été mentionnés :

- Les cycles de traumatismes transgénérationnels se perpétuent jusqu'à ce qu'ils soient brisés
- La bonne nouvelle, c'est qu'avec des efforts on peut briser ces cycles !
- Nous pouvons choisir de faire le bien et de briser le cycle de la souffrance.
- Il n'y a aucun mal que Dieu ne puisse racheter.
- Joseph a choisi de changer les schémas de sa famille. Il a dit à ses frères : « Maintenant, ne soyez pas remplis de tristesse. Ne vous faites pas de reproches, parce que vous m'avez vendu dans ce pays. En effet, c'est Dieu qui m'a envoyé ici avant vous, pour vous sauver la vie. (…) Dieu m'a envoyé ici avant vous. Il voulait vous permettre d'avoir des enfants dans ce pays et de rester en vie, ainsi il vous rend totalement libre. » (*Genèse 45.5, 7*).
- Même si les gens ont commis des actes très graves, Dieu est à l'œuvre.

5. Réagir au traumatisme transgénérationnel (15 MIN)

Les schémas des traumatismes transgénérationnels ne se sont pas formés en un jour et ils ne seront pas surmontés en un jour. Ils doivent être traités émotionnellement, physiquement, spirituellement, et économiquement. Peu à peu, avec une détermination constante, des familles entières peuvent retrouver la santé.

DISCUSSION EN PETIT GROUPE

1. Quelles étapes pouvez-vous franchir pour guérir d'un traumatisme transgénérationnel ?
2. Quelles étapes pouvez-vous franchir pour aider les membres de votre famille à prendre connaissance des schémas de traumatisme et à les faire cesser ?

Partagez les réponses en grand groupe et complétez avec les éléments ci-dessous s'ils n'ont pas été mentionnés :

- Prier pour que votre famille puisse briser le cycle de traumatismes.
- Parler ensemble.

    Créer des espaces de dialogue sécurisés où les membres de la famille peuvent prendre conscience des schémas de traumatisme.
    Écouter les histoires les uns des autres.
    Faire des recherches pour vous renseigner sur votre famille, si cela aide.

- Faire le deuil des pertes de votre famille.

    Pleurer chaque membre de la famille qui manque.
    Vous autoriser à pleurer sur votre famille, sur la souffrance transmise d'une génération à la suivante. Quand Joseph a retrouvé sa famille, il a pleuré si fort que les gens qui étaient au-dehors pouvaient l'entendre (*Genèse 45.1–2*).
    Écrire une lamentation.

- Présenter à Jésus la souffrance de votre famille. Aider les membres de la famille à connaître Jésus, qui a porté notre souffrance sur la croix. Là où il y a de la vie, il y a une espérance (*2 Corinthiens 5.17–19*).
- Pardonner à ceux qui ont causé la souffrance.
- Se réconcilier avec les membres de la famille quand c'est possible.
- Célébrez les points forts de votre famille et les personnes qui ont été de bons exemples à suivre.
- Réfléchir à ce que vous pouvez faire pour contribuer à transmettre un héritage de bénédiction.

6. Exercice final (10 MIN)

Le traumatisme a un impact qui traverse les générations, mais nous pouvons aussi nous rappeler les bénédictions qui nous ont réjouis et les personnes qui ont été des exemples pour nous.

SE SOUVENIR DES BÉNÉDICTIONS REÇUES

Lisez *Josué 4.1-7* à haute voix.

Dieu a demandé aux Israélites d'ériger un mémorial avec des pierres pour qu'ils se rappellent, eux et leurs enfants, comment Dieu les avait délivrés de leurs ennemis en asséchant le Jourdain pour qu'ils puissent traverser à sec.

Pensez à la bonté de Dieu envers vous et votre famille. Qui, dans votre famille, a été semblable à une ancre ou une colonne ? Si ce n'est pas dans votre famille, y a-t-il quelqu'un qui est comme de la famille pour vous et qui a été une source de force ? Comment pouvez-vous garder mémoire de cette personne afin de vous souvenir de la fidélité de Dieu au milieu de la souffrance ? Voici quelques possibilités :

- Placez une photo de cette personne quelque part dans votre maison ou installez sa photo comme fond d'écran sur votre ordinateur ou votre téléphone.
- Écrivez ou peignez son nom sur une pierre. Placez cette pierre à un endroit où vous pourrez la voir souvent.
- Faites un dessin, un collage, ou une peinture qui montre ce que cette personne représente pour vous.
- Trouvez un autre mode d'expression qui fonctionne dans votre contexte.

Priez en groupe, en remerciant Dieu pour ces personnes et en priant pour vos familles.

Leçon 4. La honte et la culpabilité

Avant de commencer :

- Cette séance prendra certainement plus d'une heure et demie. Vous pouvez la scinder en deux sessions, en regroupant les sections 1 à 3 en une session et les sections 4 à 6 en une autre.
- Pour la section 2 : Préparez des feuilles de papier avec les affirmations sur la honte et la culpabilité.
- Pour la section 3 : Préparez un tableau sur une feuille de conférence pour comparer les compréhensions bibliques et culturelles de l'honneur et de la honte.
- Pour la section 4 : Préparez des feuilles de papier avec les versets bibliques.

Pendant cette séance nous allons :

- Explorer les caractéristiques de la honte et de la culpabilité.
- Identifier des ressemblances et des différences entre les principes culturels et bibliques de la honte.
- Découvrir des moyens par lesquels guérir de la honte et de la culpabilité à la fois en tant d'individus et en tant qu'Église.

Introduction de la séance

Quand nous subissons un traumatisme – qu'il soit le nôtre ou intergénérationnel – souvent nous éprouvons aussi de la honte et de la culpabilité. Comment celles-ci sont-elles à la fois semblables et différentes ? Et plus important encore, comment pouvons-nous guérir de la honte et de la culpabilité ?

---

1. La honte et la culpabilité dans le jardin d'Éden (10 MIN)

Dieu a créé le monde et il a placé Adam et Ève dans le jardin d'Éden. De tous les animaux que Dieu a créés, le serpent est le plus rusé. Le serpent demande à la femme : « Est-ce que Dieu vous a vraiment dit : "Ne mangez aucun des fruits du jardin ? " »

La femme lui répond : « Nous pouvons manger les fruits de tous les arbres du jardin, sauf de l'arbre qui est au milieu. Dieu nous a dit de ne pas manger le fruit de cet arbre, et de ne pas même y toucher ; si nous le faisons, nous allons mourir. »

Le serpent réplique : « Non, ce n'est pas vrai, vous ne mourrez pas. Dieu a dit cela parce qu'il sait que si vous en mangez, vous serez comme Dieu, et vous pourrez savoir ce qui est bien ou mal. »

La femme voit comme l'arbre est beau, et comme le fruit a l'air bon à manger. Elle se dit que ce serait merveilleux de savoir plus de choses. Alors elle prend un fruit et en mange un morceau. Ensuite elle en donne à son mari, et il en mange lui aussi. Dès qu'ils en ont mangé, ils découvrent qu'ils sont nus. Alors ils prennent des feuilles de figuier, et ils s'en couvrent.

Ce soir-là, ils entendent le Seigneur Dieu qui se promène dans le jardin. Ils se cachent devant lui, parmi les arbres du jardin. Mais le Seigneur Dieu appelle l'homme. Il lui demande : « Où es-tu ? »

L'homme répond : « Je t'ai entendu dans le jardin, j'ai eu peur et je me suis caché parce que je suis nu. »

Dieu lui dit : « Qui t'a appris que tu étais nu ? Est-ce que tu as mangé le fruit que je t'avais interdit de manger ? »

L'homme répond : « La femme que tu m'as donnée, c'est elle qui m'a donné ce fruit, et j'en ai mangé. »

Dieu demande à la femme : « Pourquoi as-tu fait cela ? »

Elle répond : « Le serpent m'a trompé et j'ai mangé du fruit. »

(D'après Genèse 1–3)

DISCUSSION EN PETIT GROUPE

1. De quoi Adam et Ève sont-ils coupables ? Et de quoi ont-ils honte ?
2. Comment réagissent-ils à leur culpabilité et à leur honte ?
3. Comment Dieu réagit-il vis-à-vis d'eux ?

Partagez les réponses dans le grand groupe.

2. Qu'est-ce que la culpabilité et la honte ? (15 MIN)

Nous éprouvons souvent la honte et la culpabilité en même temps, pourtant ce sont des émotions différentes. Plus nous les comprenons, plus nous pouvons réagir à ces émotions.

ACTIVITÉ EN PETIT GROUPE

1. Écrivez ces phrases sur des feuilles de papier séparées. Donnez une série à chaque groupe.

   J'ai fait quelque chose de mal. J'ai enfreint une loi ou une règle.
   Je suis mauvais(e), insuffisant(e), inférieur(e).
   J'ai peur d'être puni(e).

- J'ai peur d'être abandonné(e).
- Je peux faire quelque chose pour réparer cela.
- Je veux seulement me cacher ou disparaître.

2. Sur deux grandes feuilles de papier écrivez les mots « Honte » et « Culpabilité ».
3. Demandez à chaque personne de tirer un morceau de papier, de lire à haute voix ce qui est écrit, et de ranger le papier dans la série la plus adaptée : culpabilité, honte. S'il y a différence d'appréciation, discutez et tâchez d'arriver à un consensus.
4. Regardez les morceaux de papier rangés de chaque côté et synthétisez votre définition de la honte en comparaison avec la culpabilité.

En grand groupe, Parcourez les morceaux de papier en grand groupe et discutez des réponses.[5] ?Complétez avec les éléments ci-dessous s'ils n'ont pas été mentionnés :

La culpabilité dit : « J'ai fait quelque chose de mal ». La honte dit : « Je suis mauvais(e). » La honte est le sentiment d'être incapable, de ne pas être assez bon (*Romains 3.23*).

Les sentiments de honte et de culpabilité peuvent être classés de modérés à sévères. Par exemple notre sentiment de honte peut aller d'être légèrement embarrassé(e) jusqu'à se sentir totalement méprisable.

Nous pouvons avoir honte de nous-mêmes, ou bien d'autres personnes peuvent nous faire honte.

Quand nous éprouvons de la honte, nous voulons le cacher. Quand nous éprouvons de la culpabilité, nous essayons de trouver un moyen de remédier à la situation, si nous le pouvons. Sinon, nous pouvons avoir des remords.

Si nous avons fait quelque chose que nous considérons comme mauvais, nous pouvons éprouver à la fois de la honte et de la culpabilité. Mais parfois nous éprouvons de la honte sans éprouver de culpabilité. Cela peut se produire quand nous souffrons pour des situations que nous n'avons pas choisies, par exemple être de petite taille ou avoir été violé(e). Cela peut aussi se produire dans des situations que nous estimons justes – comme dire la vérité ou défendre une personne qui est faible – et dans lesquelles d'autres nous critiquent, ridiculisent ou persécutent à cause de notre prise de position.

---

[5] Suggestions de réponses : **Honte** : je suis mauvais(e), insuffisant(e), inférieur(e). J'ai peur d'être abandonné(e). Je veux seulement me cacher ou disparaître. **Culpabilité** : J'ai fait quelque chose de mal. J'ai enfreint une loi ou une règle. J'ai peur d'être puni(e). Je peux faire quelque chose pour réparer cela. (Il n'est pas indispensable d'être d'accord sur tous les détails. La discussion nous aide à saisir les concepts.)

DISCUSSION EN PETIT GROUPE

Rappelez-vous ou lisez les histoires bibliques de la femme qui a une perte de sang (*Luc 8.43-48*) et de la femme prise en flagrant délit d'adultère (*Jean 8.1-11*).

1. À votre avis, laquelle de ces femmes éprouve de la honte ?
2. À votre avis, laquelle de ces femmes éprouve à la fois de la honte et de la culpabilité ?

La honte et la culpabilité sont l'une et l'autre des émotions douloureuses, mais sont-elles nocives ou utiles ?

DISCUSSION EN PETIT GROUPE

1. Pensez à des situations où vous avez éprouvé de la honte :
    a. Y a-t-il eu des cas où la honte vous a aidé(e) à devenir une meilleure personne ?
    b. Y a-t-il eu des cas où la honte vous a empêché(e) de devenir une meilleure personne ?

2. Pensez à des situations où vous avez éprouvé de la culpabilité :
    a. Y a-t-il eu des cas où la culpabilité vous a aidé(e) à devenir une meilleure personne ?
    b. Y a-t-il eu des cas où la culpabilité vous a empêché(e) de devenir une meilleure personne ?

Partagez les réponses en grand groupe. Complétez avec les éléments ci-dessous s'ils n'ont pas été mentionnés :

Utile

Dieu nous a donné les sentiments douloureux de honte et de culpabilité pour nous alerter sur des choses auxquelles nous devons faire attention.

Ces émotions agissent comme les terminaisons nerveuses dans nos mains et qui nous préviennent lorsque nous sommes trop près du feu et risquons de nous brûler.

Il peut être utile d'éprouver de la culpabilité quand nous avons commis des actes que nous jugeons injustes ou déshonorants.

Si nous n'éprouvons jamais de culpabilité ou de honte, nous pouvons avoir des problèmes tels que ceux des gens de l'époque du prophète Jérémie, qui commettaient des actes dont ils auraient dû avoir honte.

Mais au contraire, « ils ignorent ce que c'est d'être couverts de honte » *(Jérémie 6.15)*.

Nocif

La honte et la culpabilité peuvent être nocives quand nous n'avons eu aucune possibilité de choix dans ce qui s'est produit.

Nous appelons cela une honte ou une culpabilité « trompeuses » parce qu'elles nous envoient une alerte trompeuse. Quelque chose nous a été imposé, sur quoi nous n'avions aucun contrôle.

Nous ne pouvons pas remédier à la situation.

Par exemple, nous pouvons éprouver une honte « trompeuse » :

- pour l'aspect de notre corps, ou le genre de famille dans laquelle nous sommes nés.
- pour avoir été victime de viol, de violences familiales, ou pour avoir été exilés.
- à cause de notre langue, de notre ethnie, de notre race ou de notre mode de vie *(1 Pierre 4.3–5)*.

Nous pouvons aussi éprouver une culpabilité « trompeuse » à cause de situations sur lesquelles nous n'avions aucun contrôle, par exemple :

- pour avoir survécu à une catastrophe où d'autres ont perdu la vie.
- pour avoir fait quelque chose sous une contrainte venant d'autres personnes ou des circonstances, par exemple tuer quelqu'un pour se défendre soi-même.
- si on nous a accusés à tort, même si nous savons que nous n'avons rien fait de mal.

Quelle que soit la source de notre honte ou de notre culpabilité, c'est notre réaction qui importe. Là où nous devons nous repentir, nous pouvons le faire. « Il n'y a pas de condamnation pour ceux qui sont unis au Christ » *(Romains 8.1)*. Même une honte ou une culpabilité « utiles » peuvent devenir « nocives » si nous refusons d'accepter le pardon de Dieu pour nos péchés, et si nous laissons ces sentiments perdurer. Pour ce qui est des situations pour lesquelles nous n'avons pas à nous repentir, nous pouvons nous reposer dans l'amour de Dieu pour nous *(2 Corinthiens 7.10)*.[6]

---

[6] En option, discussion en petit groupe (20 min). Lisez un ou plusieurs de ces passages bibliques. Qui avait honte ? Qui était considéré comme coupable ? Qui était responsable de la honte ou de la culpabilité ? Comment les gens ont-ils réagi ? David et Batchéba dans *2 Samuel 12.1–13* et *Psaume 51* ; Les fils perdus dans *Luc 15.11–27* ; Anne dans *1 Samuel 1.1–8* ; Agar dans *Genèse 16* ; *21.1–20*.

3. La Bible et notre culture (15 MIN)

Les diverses cultures attribuent de l'honneur ou de la honte à des situations différentes. Par exemple, dans certaines cultures, être loyal envers les membres de sa famille est considéré comme un comportement digne d'honneur, même si cela implique de mentir à ceux qui ne font pas partie de la famille. Dans d'autres cultures, dire la vérité est considéré comme plus digne d'honneur que d'être loyal envers les membres de la famille.

> **DISCUSSION EN PETIT GROUPE**
>
> Remplissez le tableau ci-dessous (soit chaque personne répond à toutes les questions, soit les participants sont divisés en groupes). Citez quelques situations :
>
> - que votre culture considère comme dignes d'honneur ?
> - que votre culture considère comme honteuses ?
> - que Dieu considère comme dignes d'honneur ?
> - que Dieu considère comme honteuses ?

	Digne d'honneur	Honteux
Culture		
Dieu		

La Parole de Dieu nous aide à connaître ce qui est digne d'honneur et ce qui est honteux à ses yeux. Par exemple, si une mère signale que son enfant a été violé(e), elle peut être accusée par la communauté de dénoncer quelqu'un qui a commis un acte honteux. Mais aux yeux de Dieu, les enfants ont une grande valeur et méritent d'être protégés des agresseurs. Ou encore, de nombreuses cultures couvrent de honte une femme qui a été violée. Mais aux yeux de Dieu, c'est le violeur qui devrait être couvert de honte. Nous devons étudier la Parole de Dieu et la laisser définir ce que nous devons considérer comme honteux ou digne d'honneur.

4. Comment pouvons-nous guérir de la honte et de la culpabilité ? (25 MIN)

La honte s'introduit en nous et devient une partie du regard que nous portons sur nous-mêmes, tandis que la culpabilité concerne des actes plus extérieurs. C'est pourquoi il est plus difficile de guérir de la honte que de la culpabilité. La bonne nouvelle c'est que, avec l'aide de Dieu, il est possible de guérir de la honte et de la culpabilité.

DISCUSSION PAR DEUX

Partagez sur les questions ci-dessous, dans la mesure où vous êtes à l'aise l'un(e) avec l'autre pour le faire.

1. Dans un moment où vous avez ressenti de la honte :

    - Est-ce que quelque chose a atténué votre honte ? Si oui, quoi ?
    - Est-ce que quelque chose a aggravé votre honte ? Si oui, quoi ?

2. Dans un moment où vous avez ressenti de la culpabilité :

    - Est-ce que quelque chose a atténué votre culpabilité ? Si oui, quoi ?
    - Est-ce que quelque chose a aggravé votre culpabilité ? Si oui, quoi ?

La Bible nous montre comment nous pouvons guérir de la honte et de la culpabilité.

DISCUSSION EN PETIT GROUPE

1. Que nous disent ces versets sur la manière de guérir de la honte et de la culpabilité ?

    Jacques 5.16 *Éphésiens 5.11*
    2 Corinthiens 7.9–10 *1 Jean 1.5–9*

2. Que se passe-t-il quand nous racontons notre histoire à d'autres ?

    Psaume 133 *Jean 17.22–23a*
    1 Pierre 1.22 *Hébreux 10.23–25*

3. Comment la mort de Jésus sur la croix nous aide-t-elle à guérir de notre honte et de notre culpabilité ?

    Ésaïe 53.3–5 *Hébreux 12.2b*
    1 Pierre 2.24 *Philippiens 2.5–8*

Partagez les réponses en grand groupe. Complétez avec les éléments ci-dessous s'ils n'ont pas été mentionnés :

Raconter notre histoire aux autres. Comme nous l'avons appris dans *Guérir les Traumatismes*, nous avons besoin de confier nos secrets honteux à des personnes de confiance, capables de bien écouter (*Jacques 5.16a*). Nous pouvons craindre que d'autres nous abandonnent ou nous causent une plus grande souffrance s'ils connaissent notre secret. En fait, la communion fraternelle s'approfondit quand nous partageons notre souffrance (*1 Jean 1.5-9* ; *Philippiens 3.10*). Si nous sommes sincères, cela peut donner aux autres le courage d'être sincères aussi. Et cela nous aide à être sincères avec nous-mêmes et à nous connaître nous-mêmes. Et plus nous nous connaissons, plus nous pouvons faire l'expérience d'être connus par Dieu. Nous n'avons pas besoin d'avoir des secrets devant Dieu.

Si nous avons péché, nous pouvons nous repentir et demander à Dieu et aux autres de nous pardonner, et nous pouvons recevoir ce pardon (*2 Corinthiens 7.10*). Si nous souffrons d'une culpabilité trompeuse ou d'une honte trompeuse, nous commençons à détruire son pouvoir sur nous en la dévoilant (*Éphésiens 5.11*).

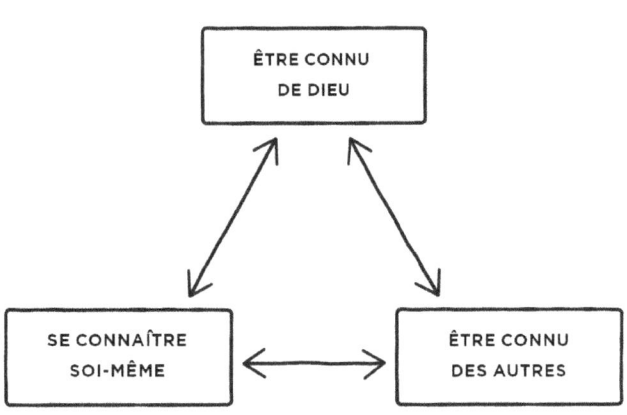

Figure 9. Se connaître soi-même, connaître Dieu et les autres

Vivre en société. Nous avons été créés pour vivre en société (*Genèse 2.18*), cette communion nous rend joyeux (*Psaume 133* ; *1 Pierre 1.22* ; *Jean 17.22*). Ensemble, nous renforçons les uns pour les autres notre conviction de ce qui est digne d'honneur et juste, et cela nous permet de tenir ferme contre les pressions de la société humaine (*Hébreux 10.23-25*). Quand nous choisissons ce que Dieu considère comme digne d'honneur, nous sommes capables de résister à la honte « trompeuse » que d'autres essaient de nous imposer. Jésus nous a donné l'exemple sur la croix : « Il a accepté de mourir sur une croix sans avoir honte. En effet, il voyait d'avance la joie qu'il allait recevoir, et maintenant, il est assis à la droite de Dieu. » (*Hébreux 12.2* ; voir aussi *Philippiens 2.1-11* ; *Hébreux 13.12-14*).

Même si d'autres essaient de nous couvrir de honte, ce qui compte réellement c'est ce que Dieu honore (*1 Corinthiens 1.27*) Et pour finir, Dieu honore ceux et celles qui le suivent. Par exemple, Joseph a supporté plusieurs situations honteuses – comme celles d'être vendu comme esclave, d'être faussement accusé de harcèlement sexuel, ou d'être jeté en prison. Mais chaque fois, Dieu l'a relevé et a restauré son honneur.

Regarder à Jésus qui nous guérit et nous donne l'exemple. Sur la croix, Jésus a pris sur lui notre honte et notre culpabilité (*Ésaïe 53*). Nous pouvons lui présenter notre honte et notre culpabilité, sans cacher aucune partie de notre personne. Sa mort restaure notre honneur et notre innocence (*Psaume 3.11* ; *Ésaïe 6.1*). Notre réponse c'est de louer Dieu pour sa grâce.

5. Comment l'Église peut-elle restaurer l'honneur et la dignité ? (10 MIN)

L'Église a un rôle important à jouer pour aider les gens à guérir de la honte et de la culpabilité.

> **DISCUSSION EN PETIT GROUPE**
>
> Par groupes d'Église ou de ministère, réfléchissez à ces questions :
>
> 1. Dans quelle mesure votre Église ou votre ministère offrent-ils un lieu où les gens peuvent se parler les uns aux autres de leurs véritables problèmes ?
> 2. Dans quelle mesure votre Église ou votre ministère réagissent-ils envers les personnes qui traversent des situations qui leur font honte ? Si elles sont innocentes ? Si elles sont responsables ?
> 3. Que fait votre Église ou votre ministère pour rendre leur dignité à ceux et celles que la société stigmatise ?

Partagez les réponses dans le grand groupe et complétez avec les éléments ci-dessous s'ils n'ont pas été mentionnés :

- L'Église peut créer une ambiance de grâce où l'on peut, en toute sécurité, parler de problèmes personnels, et être pleinement connu des autres. (Les responsables d'Église peuvent avoir besoin de partager avec d'autres responsables).
- L'Église peut aider les gens à apprendre à écouter et à garder la confidentialité.
- L'Église peut toucher de manière proactive les personnes qui font l'expérience de la honte ou de la culpabilité. Même les gens qui ont commis des actes très graves, comme le meurtre, ne doivent pas être définis uniquement par les actes graves qu'ils ont commis. Si une Église pratique l'excommunication, celle-ci doit être pratiquée avec l'intention de réintégrer la personne dans la communion avec Dieu et avec les autres (*Matthieu 18.17*).
- L'Église peut tenir ferme ce qui est bon et digne d'honneur selon les critères de Dieu (*Matthieu 5.1–12*). Il faut souvent répéter ces choses (*Hébreux 10.25*).
- L'Église peut toucher des groupes que la société couvre de honte. Par exemple Mère Teresa a aidé les gens pauvres de Calcutta à mourir dignement. Des actions comme celles-ci font passer le message que tout être humain est créé à l'image de Dieu et a de la valeur (*Genèse 1.26–27* ; *Éphésiens 4.32*). L'Église peut aider à restaurer leur dignité.

6. Exercice final (10 MIN)

Nous ne sommes pas seuls avec notre honte. Faites le calme en vous-mêmes et écoutez : y a-t-il un fardeau de honte ou de culpabilité que vous voudriez présenter à Dieu ? Tous, nous sommes capables de mal agir. Nous n'avons pas besoin de dissimuler quoi que ce soit à Dieu, comme Adam et Ève l'ont fait les premiers dans le jardin. Déposons nos fardeaux devant Dieu dans la prière : car alors il peut nous guérir et nous rétablir dans une juste relation avec lui.

Leçon 5. Utiliser nos émotions pour notre bien

Avant de commencer :

- Pour la section 2 : imprimez 4 copies du sketch.
- Nous aurons besoin d'un grand tissu ou d'un drap pour le sketch.
- Pour la section 3 : chaque groupe aura besoin de 8 à 10 feuilles de papier sur lesquelles écrire.
- Pour la section 4 : chaque personne aura besoin d'une grande feuille de papier pour y dessiner une silhouette humaine, ou fournir des copies de l'image à la page 56.

Pendant cette séance nous allons :

- Décrire comment le traumatisme affecte notre intelligence et nos émotions.
- Apprendre à faire attention au rôle que les émotions jouent dans notre vie.
- Donner des exemples de la manière dont les émotions peuvent être utilisées en bien comme en mal.
- Commencer à discerner comment nos émotions affectent notre corps.
- Commencer à surmonter les schémas de réactions négatives.
- Nous exercer à utiliser nos émotions pour nous rapprocher de Dieu.

Introduction de la séance

Longtemps après avoir commencé à guérir d'une expérience traumatique, il peut être encore difficile de gérer nos émotions. De grandes ou petites choses peuvent nous rappeler le traumatisme et provoquer une réaction émotionnelle si forte que nous la ressentons comme hors de contrôle. Une partie de notre long voyage de guérison consiste à apprendre à identifier nos émotions et à utiliser leur énergie pour un bien. Nous pouvons même les utiliser pour mieux connaître Dieu.

1. L'accident de Simon (20 MIN)

Un soir, après le travail, Simon rentre chez lui sur sa moto. Soudain, au moment où il prend un virage, il entend un gros bang. Un immense camion arrive sur lui, en oscillant d'un côté à l'autre de la route.

Simon fait une embardée désespérée pour éviter le camion, mais une roue accroche sa moto et le projette sur le bas-côté. Il est là, allongé dans l'herbe, tout étourdi, quand il entend un autre énorme bruit, et le camion se fracasse de l'autre côté de la route. La dernière chose dont il se souvient, c'est une voiture qui arrive, et des gens qui sortent. Ces personnes aident à extraire le conducteur du camion, mais c'est trop tard : il est mort. Un des hommes voit Simon, allongé au bord de la route et il se précipite pour l'aider.

Les hommes emmènent Simon à l'hôpital le plus proche. Allongé sur son lit d'hôpital, les pensées de Simon tournent en rond : « J'ai tellement mal à la jambe, est-ce que je vais la perdre ? Est-ce que quelqu'un va penser que c'est de ma faute si le camion a eu un accident ? Pourquoi Dieu a-t-il laissé cela se passer ? Que va dire ma femme ? Est-ce que je pourrai reprendre mon travail ? »

Deux semaines plus tard, Simon est de retour à la maison, avec la jambe dans le plâtre. Le médecin lui assure que sa jambe va guérir ; c'est juste une question de patience. Simon est rassuré, mais en même temps frustré de ne pas pouvoir se déplacer facilement. Il est aussi inquiet à l'idée qu'il pourrait perdre son travail. Parfois, la douleur de sa jambe et sa frustration le rendent irritable envers sa femme.

Trois mois plus tard, toute cette expérience n'est plus qu'un mauvais souvenir. Il a l'air tout à fait normal et tout le monde s'attend à ce que le cours de sa vie reprenne comme si rien ne s'était passé.

> **DISCUSSION EN PETIT GROUPE**
>
> 1. Pour quelle raison Simon éprouve-t-il des difficultés à se remettre de son traumatisme ?
> 2. Pouvez-vous vous rappeler une expérience traumatique à la suite de laquelle vous étiez supposé(e) reprendre votre vie normale comme si rien ne s'était passé ? Comment avez-vous réagi ?

Partagez les réponses dans le grand groupe.

---

2. Comment fonctionne notre cerveau (20 MIN)

Dieu nous a créés comme des êtres merveilleusement complexes (*Psaume 139.14*), avec des moyens de faire face quand nous sommes soumis à un stress élevé.

- **La partie réflexe** de notre cerveau permet à notre corps de fonctionner automatiquement. Elle nous dit aussi quand nous sommes en danger et elle pousse notre corps à réagir automatiquement. Toutes nos réactions passent par cette partie du.

- **La partie émotionnelle** de notre cerveau active nos émotions. Elle nous aide à traiter tout ce à quoi nous sommes exposés (vue, odeurs, sons, goûts).
- **La partie rationnelle** de notre cerveau nous aide à organiser toutes les informations reçues et à gérer nos émotions afin de bien réagir.

En temps normal, les trois parties de notre cerveau travaillent ensemble, et tout va bien. Mais au moment d'un stress, il n'y a plus de temps pour penser. La partie rationnelle de notre cerveau est submergée, et comme un ordinateur qui reçoit trop d'informations, elle se déconnecte. Nous pouvons imaginer la partie rationnelle de notre cerveau faisant sauter son couvercle, comme une casserole d'eau, bouillant si fort que le couvercle saute. La partie réflexe de notre cerveau l'emporte et nous réagissons rapidement et automatiquement de l'une de ces trois manières :

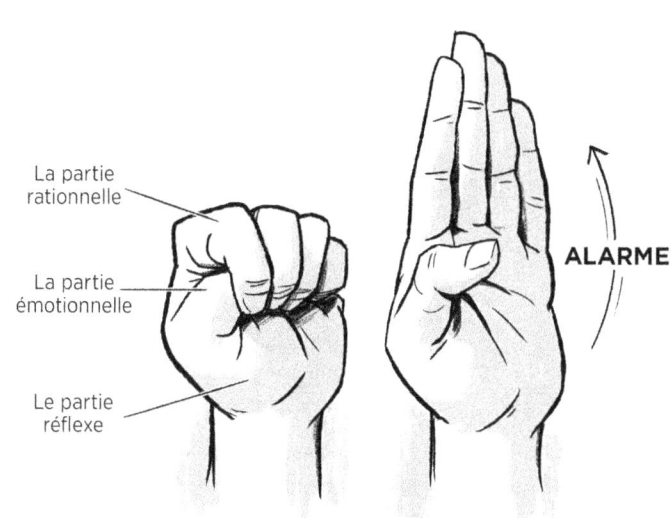

Figure 10. Comment fonctionne notre cerveau

1. Le combat : nous attaquons
2. La fuite : nous courons
3. Le blocage : nous ne pouvons ni bouger ni réagir

Cette réponse normale au stress nous aide à survivre aux situations d'urgence. Cependant elle peut provoquer deux types de problèmes :

- Un événement similaire peut déclencher une réaction. Par exemple, si nous avons vécu une guerre, lorsque nous entendons un feu d'artifice, notre cerveau émotionnel et notre cerveau réflexe peuvent prendre le contrôle, même s'il n'y a aucun danger réel. Certaines odeurs peuvent être associées par notre cerveau émotionnel à une violence subie, et nous mettre en panique. Cela peut provoquer la confusion et la honte.
- Si nous restons constamment en alerte, prêts à réagir à une crise, même quand il n'y a pas de crise, notre corps s'épuisera.

JOUEZ CE SKETCH :

Simon rend visite au pasteur

Vous aurez besoin :

☐ D'acteurs assis ou debout en ligne :

> un acteur pour jouer le Cerveau Réflexe
> un acteur pour jouer le Cerveau Émotionnel
> un acteur pour jouer le Cerveau Rationnel
> un acteur pour jouer le pasteur

☐ Accessoire : Un drap ou un grand tissu tendu entre le Cerveau émotionnel et le Cerveau rationnel

☐ Effet sonore : quelque chose pour faire un bruit très fort

Scène 1 : Simon discute de la journée avec son pasteur. Le Cerveau Réflexe pompe le sang comme il convient (pomper avec les bras). Le Cerveau Émotionnel se sent bien, c'est un moment agréable (il renifle, sourit, écoute). Le Cerveau Rationnel parle des projets pour le ministère de l'Église.

Scène 2 : Soudain, on entend un bruit très fort. Le Cerveau Rationnel saute sur ses pieds, hurle, puis rampe sous sa chaise pour se cacher. Le pasteur ne voit que le Cerveau Rationnel, et trouve que ce comportement est étrange. Mais le public voit aussi le Cerveau Réflexe qui sonne l'alarme : « Danger, danger, cours ! » Le Cerveau Émotionnel, de son côté, dit : « Oh, j'ai si peur ! Oh non ! Tout recommence ! J'ai tellement peur ! ».

Le pasteur n'y comprend rien !

DISCUSSION EN PETIT GROUPE

1. Avez-vous déjà vu quelqu'un réagir par l'attaque, la fuite ou un blocage ? Vous est-il arrivé de réagir ainsi ? Expliquez.
2. Comment les gens se comportent-ils envers quelqu'un qui réagit ainsi ?

Partagez les réponses dans le grand groupe.

---

3. Les émotions : bonnes ou mauvaises ? (15 MIN)

Pensez-vous que les émotions sont bonnes ou mauvaises ? Ou bien certaines émotions sont-elles bonnes tandis que d'autres sont mauvaises ?

EXERCICE EN PETIT GROUPE

1. Écrivez ces émotions sur des morceaux de papier : amour, haine, peur, colère, chagrin, espoir, jalousie, joie. Pensez-vous habituellement que ces émotions sont bonnes ou mauvaises ? Classez-les en deux listes : les bonnes et les mauvaises.
2. Examinez la liste des « émotions mauvaises ». Dans quelles situations pourraient-elles être considérées comme bonnes ?
3. Examinez la liste des « émotions bonnes ». Dans quelles situations pourraient-elles être considérées comme mauvaises ?

4. Essayez-vous d'éviter certaines émotions, ou vous sentez-vous coupables si vous les éprouvez ? Expliquez.
5. Lisez Ecclésiaste 3.1–8 et discutez sur ce que ce passage dit des émotions.

Partagez les réponses dans le grand groupe. Complétez avec les éléments ci-dessous s'ils n'ont pas été mentionnés :

Nous sommes des êtres humains, créés pour vivre toutes sortes d'émotions, pour être heureux, tristes, paisibles, en colère, anxieux, effrayés, etc. Ecclésiaste 3.1–8 nous dit qu'il y a un temps pour chaque chose : pour le chagrin et pour la joie, pour le deuil et pour les danses, pour l'amour et pour la haine. Aucune émotion n'est mauvaise en elle-même.

---

4. Mieux prendre conscience de nos émotions (20 MIN)

Notre corps peut nous donner des indices sur ce que nous ressentons, même si notre cerveau n'en est pas conscient. Par exemple, si nous nous mettons à transpirer, si nos pieds deviennent froids, si notre rythme cardiaque s'accélère. Nos émotions nous disent quelque chose. Est-ce que nous les écoutons ?

ACTIVITÉ : DESSINER LES ÉMOTIONS DANS VOTRE CORPS[7]

Prenez une silhouette dessinée sur les papiers.

1. Pensez à un moment où vous étiez en colère. À quel endroit du corps la ressentiez-vous ? Écrivez « Colère » à ces endroits sur la silhouette.
2. Pensez à d'autres émotions et inscrivez-les sur votre dessin du corps : peur, joie, tristesse, etc.
3. Prenez une des émotions douloureuses et pensez à un geste que vous pourriez faire pour vous aider à la surmonter. Par exemple si vous êtes en colère, vous pouvez vous étirer, respirer profondément, ou aller marcher.

Partagez vos dessins dans le grand groupe. Dites quelles émotions vous ressentez le plus fréquemment.

---

[7] Activité alternative : **Le Plan des Émotions**
  1. Dessinez vos émotions comme le plan au sol d'une maison. Donnez plus d'espace à celles que vous ressentez fortement, ou que vous ressentez souvent.
  2. Partagez votre plan avec une autre personne et discutez de que cela vous fait découvrir de vous-même

5. Que pouvons-nous faire quand nous sommes submergés par des émotions fortes ? (20 MIN)

Nos émotions peuvent devenir des amies, et non des ennemies ou des maîtres. Elles nous donnent de la vitalité et guident nos choix. Elles montrent ce qui est dans notre cœur et ce que nous valorisons. Si nous sommes attentifs à nos émotions, nous pouvons découvrir des strates d'émotions. Par exemple, sous notre colère, nous pouvons découvrir de la tristesse ou une blessure. Cette découverte peut nous aider à connaître l'origine de notre souffrance et nous permettre de guérir. De cette manière, nous pouvons nous servir de nos émotions pour notre bien.

> **DISCUSSION EN PETIT GROUPE**
>
> Lisez ces passages bibliques.
>
> *Marc 12.30*   *Romains 12.2*
>
> 1. Quels défis avez-vous affrontés pour mettre ces versets en pratique, en particulier quand vous êtes submergé(e) par des émotions fortes ?
> 2. Comment pouvons-nous travailler avec nos émotions pour progresser en tant que personnes ?

Partagez les réponses dans le grand groupe et complétez avec les éléments ci-dessous s'ils n'ont pas été mentionnés :

- Soyez attentifs à vos émotions. Acceptez-les sans les juger comme étant mauvaises. Si vous n'avez aucune émotion, c'est là qu'il y a vraiment un grave problème !
- Essayez de comprendre d'où vient l'émotion. Qu'est-ce qui s'est passé juste avant ? À quoi pensez-vous alors ? Que vous dit votre émotion ? Que peut-elle vous apprendre ?
- Identifiez tous les mensonges, ceux que d'autres vous disent ou ceux que vous vous dites à vous-même. Trouvez un bref passage biblique ou une vérité qui contredit ce mensonge et que vous pourrez répéter chaque fois que l'émotion douloureuse resurgit. Par exemple si vous avez l'impression que vous êtes sans aucune valeur, vous pouvez redire : « Dieu m'aime ! »

Si vous commencez à être submergé(e) d'émotions fortes :

- Rappelez-vous que le traumatisme est terminé et que vous êtes en sécurité cette fois-ci – à condition que ce soit vrai. « Non, ce n'est pas cela ! »
- Utilisez vos sens pour rester connecté(e) au présent. Prenez conscience de ce qui est autour de vous. Respirez à fond et lentement. Déplacez-vous, sortez, ou buvez un verre d'eau ou une tasse de thé.

- *L'exercice du robinet* : Imaginez que vos émotions sont dans un réservoir avec un robinet. Vous pouvez ouvrir le robinet et les laisser sortir un peu, puis fermer le robinet quand vous voulez.
- Trouvez quelqu'un avec qui vous pouvez parler de vos émotions ou bien faites un dessin.

DISCUSSION EN PETIT GROUPE

Que faites-vous quand vous êtes submergé(e) par des émotions fortes ?

Quel est le moment opportun pour laisser le robinet ouvert ? Avec qui ?

Figure 11. Contrôler nos émotions comme avec un robinet

Partagez les réponses dans le grand groupe.

6. Activité finale (15 MIN)

UTILISER NOS ÉMOTIONS POUR NOUS RAPPROCHER DE DIEU

Nos émotions peuvent aussi nous aider à faire plus pleinement l'expérience de la présence de Dieu. Depuis des siècles, des chrétiens du monde entier ont utilisé cet exercice pour laisser leurs émotions les conduire à une meilleure connaissance de Dieu.

1. **Individuellement :** Pensez au jour précédent. Faites la liste de ce que vous avez fait.

   a. Quand vous êtes-vous senti(e) plus proche de Dieu ? Que faisiez-vous ? Écrivez-le.

   b. Quand vous êtes-vous senti(e) plus éloigné(e) de Dieu ? Que faisiez-vous ? Écrivez-le.

2. **Par deux :** Partagez quelque chose qui vous a rapproché(e) de Dieu et quelque chose qui vous a éloigné(e) de lui.

Faites cela chaque jour. Essayez de faire plus de choses qui vous rapprochent de Dieu et moins de choses qui vous éloignent de lui.

Terminez ce moment en lisant à haute voix *Philippiens 4.8–9*.

Leçon 6. Les dialogues difficiles

Avant de commencer :

- Pour les sections 1 et 3 : Choisissez un bon lecteur pour lire les histoires.
- Pour la section 4 : Fournissez du papier aux petits groupes pour qu'ils puissent consigner leurs principes directeurs.

Pendant cette séance nous allons :

- Identifier quels types de dialogues peuvent être difficiles.
- Commencer à reconnaître nos propres réactions aux dialogues difficiles.
- Examiner les conséquences que cela entraîne quand on évite les dialogues difficiles.
- Nous entraîner à mener des dialogues difficiles avec plus de succès.

Introduction de la séance

Le traumatisme peut isoler les gens les uns des autres et détruire les relations. Pour que des individus guérissent, il faut aussi guérir les relations avec leur famille et leur communauté. Pour qu'une guérison advienne, on peut avoir besoin de dialogues difficiles – par exemple, pour résoudre un conflit, demander pardon, présenter des excuses, prendre une décision difficile. Savoir comment gérer avec plus de succès les dialogues difficiles est une compétence de base qui nous aide à vivre en harmonie avec les autres.

---

1. David a un problème (15 MIN)

David vit avec sa femme Lucie, sa mère Sarah et son frère célibataire Jean-Marc sur leur propriété dans un village. À côté de chez eux habitent Samuel, sa femme Anne et leur famille. Leurs champs cultivés sont aussi proches les uns des autres, à environ trois kilomètres du village. Les deux familles ont vécu dans cette proximité pendant des générations.

Un jour, David remarque que Samuel a posé de nouvelles bornes aux limites de son champ. Il s'est emparé d'une parcelle du terrain que David pensait être le sien. David est mécontent, mais il ne veut pas en parler à Samuel. Il se plaint de ce qui est arrivé, auprès de sa femme et de ses amis, mais quand il rencontre Samuel il évite le sujet.

Quelques semaines plus tard, il constate que du maïs vigoureux grandit sur la parcelle de terrain que Samuel a prise, et cela le met encore plus en colère. Il se met à faire des détours pour éviter tout contact avec Samuel.

Les femmes continuent à entretenir des relations amicales l'une avec l'autre. Chaque fois qu'Anne évoque le sujet de dispute sur le champ, Lucie répond que ce n'est pas un problème et change de sujet.

Le frère de David, Jean-Marc, travaille pour une société d'informatique dans la ville voisine. Il est contrarié par le problème, et il va trouver directement Samuel pour lui dire : « Pourquoi tu as fait ça ? Nous savons exactement où sont les limites de nos champs. » Quand Samuel essaie de répondre, Jean-Marc répète encore plus fort ce qu'il a déjà dit, puis il démarre sur sa moto. Il est tout content d'avoir réglé le problème.

Maman Sarah a vu tout ce qui se passe. Elle ne veut pas que la situation altère les relations entre les deux familles. Un jour, elle invite Samuel et sa famille chez elle, pour discuter du problème. Après des mots de bienvenue et des boissons, elle parle à Samuel des bons moments que leurs familles ont partagés, depuis des générations. Elle dit à Samuel : « Tu te souviens quand mon père et ton grand-père ont commencé notre Église ? »

Après avoir évoqué leur longue histoire commune, elle en vient à la question des champs et elle demande à Samuel d'expliquer son point de vue sur ce qui s'est passé. Samuel raconte qu'il a retrouvé un document de son père qui indiquait les limites de son terrain. Alors, Sarah dit : « David a été contrarié quand tu as marqué les nouvelles limites, parce que lui aussi il a un document, et celui-ci indique des limites différentes ! » Samuel répond : « Comment est-ce que mon grand-père aurait pu indiquer des limites inexactes ? » Sarah est d'accord sur la grande importance des connaissances des anciens.

Pour finir, Sarah dit : « Ne serait-ce pas une bonne idée que vous alliez, David et toi, au Bureau des terrains ? Vous pourriez voir s'il y a là un plan des limites des champs ? J'ai un ami à l'Église qui m'a raconté que les disputes dans sa famille avaient été réglées par la consultation des plans officiels. »

« C'est une bonne idée, dit Samuel, est-ce que tu peux en parler à David ? Comme ça nous pourrions trouver ensemble une date pour y aller. »

« Avec plaisir », répond Sarah.

DISCUSSION EN PETIT GROUPE

1. Décrivez comment David, Lucie, Jean-Marc et Sarah ont réagi à cette situation.[8]

---

[8] David évite de discuter avec Samuel, Lucie écarte le sujet chaque fois qu'il se présente, Jean-Marc parle mais il n'écoute rien. Sarah les aide à se rappeler leur histoire commune et à restaurer la confiance ; elle les aide à écouter chacun le point de vue de l'autre et à identifier une nouvelle étape pour résoudre le problème.

2. Devant une situation difficile, comment réagissez-vous ? À quel personnage de cette histoire ressemblez-vous le plus ?

Partagez les réponses dans le grand groupe.

2. Qu'est-ce qu'un dialogue difficile ? (10 MIN)

Un dialogue peut être difficile si :

1. Les conséquences affectent beaucoup les personnes.
2. Les personnes ont des émotions très fortes sur le sujet.
3. Les personnes ont des opinions différentes sur le sujet.

Un dialogue difficile peut avoir lieu quand nous résolvons un conflit, quand nous demandons pardon, quand nous présentons des excuses, quand nous prenons en groupe une décision difficile.

> **DISCUSSION EN PETIT OU EN GRAND GROUPE**
>
> Dans les passages bibliques ci-dessous :
>
> 1. Pourquoi y a-t-il un dialogue difficile ? Utilisez les critères ci-dessus.
> 2. Le dialogue s'est-il achevé par un succès ou un insuccès ?
>
>   - Gamaliel : *Actes 5.33–40*
>   - Le secrétaire de la ville lors d'une émeute à Éphèse : *Actes 19.28–29, 35–41*

Partagez les réponses dans le grand groupe.

3. Éviter les dialogues difficiles : causes et conséquences

(15 MIN)

Il nous arrive de fuir les dialogues difficiles et d'en subir les conséquences. C'est ce qu'a fait le roi David dans cette histoire :

Le roi David avait plusieurs épouses et de nombreux enfants. David préférait Amnon, son fils premier-né, qui devait lui succéder sur le trône. Absalom était son troisième fils, né d'une autre épouse. Et Tamar était la sœur d'Absalom, c'était une belle femme.

Il arrive qu'Amnon tombe amoureux de sa demi-sœur Tamar. Il la fait venir dans sa chambre par ruse, et là, il la viole. Aussitôt, son amour pour elle se change en haine et il la jette dehors. Elle pleure, inconsolable, et elle déchire sa robe en signe de deuil.

Quand David apprend ce qu'a fait Amnon, il est très en colère. Mais il ne fait rien, parce qu'Amnon est son fils préféré.

Quand Absalom apprend ce qu'a fait Amnon, il est furieux. Il prend Tamar chez lui. Il déteste tellement Amnon qu'il ne lui adresse plus jamais la parole.

Deux ans plus tard, Absalom trouve un moyen pour faire tuer Amnon. Ensuite il doit s'enfuir dans un autre pays pour échapper à la colère de son père et sauver sa vie. Il y reste pendant trois ans. Enfin, David le rappelle et il rentre à Jérusalem. Pourtant, David continue à refuser de le voir.

Absalom est plein d'amertume contre David, il essaie de lui ravir le trône. Absalom meurt lors de cette tentative. Et le roi David est encore plus triste.

(D'après *2 Samuel 13 ss.*)

DISCUSSION EN PETIT GROUPE

1. Pourquoi, à votre avis, David a-t-il évité un dialogue difficile avec Amnon ? Donnez quelques autres raisons qui poussent à éviter les dialogues difficiles ?
2. Quelle a été la conséquence pour David d'avoir évité ce dialogue difficile ? Donnez quelques autres conséquences entraînées par le refus des dialogues difficiles ?

Partagez les réponses dans le grand groupe, puis complétez avec les causes pour lesquelles on évite en général les dialogues difficiles et avec les conséquences, si celles-ci n'ont pas été mentionnées :

Nous pouvons éviter les dialogues difficiles pour de nombreuses raisons :

- Pratique : Manque de la pratique nécessaire pour les mener avec plus de succès.
- Inégalité de pouvoir : Il n'est pas admissible socialement d'affronter ce problème.
- Culture : Elle nous décourage d'affronter des problèmes difficiles.
- Risques : Notre relation peut devenir pire si la personne réagit négativement. Ou bien nous pouvons nous faire sanctionner par ceux qui détiennent le pouvoir, qu'il soit politique, social ou spirituel.
- Temps : Cela prend du temps et nous pensons que nous sommes trop occupés pour nous en soucier.

Si nous évitons les dialogues difficiles, cela provoquera des souffrances dans notre Église, notre ministère, notre famille ou notre association.

- La liste des « sujets à éviter » peut devenir si longue que nous vivons dans une culture du silence. Tout le monde peut être nerveux à l'idée que ces sujets soient abordés.
- Les problèmes restent sans solution parce qu'on ne peut pas en discuter.

- Il peut y avoir des divisions, des médisances, des frustrations, ou de la colère, soit exprimées soit dissimulées sous la surface. Le résultat peut être une révolte ou de la violence.
- De petites égratignures peuvent s'infecter et devenir de grosses blessures. De même de petites incompréhensions peuvent générer des relations brisées, voire des traumatismes transgénérationnels.
- Les gens perdent le respect les uns envers les autres.

DISCUSSION PAR DEUX

Il peut être difficile de savoir si on doit affronter un problème difficile ou le laisser passer. Pensez à un moment où vous avez dû choisir entre affronter un problème difficile et le laisser passer.

1. Quels sont les facteurs qui vous ont aidé(e) à prendre une décision ?
2. Qu'avez-vous ressenti après ?

Partagez les réponses dans le grand groupe.

4. Comment mener un dialogue difficile avec les meilleures chances de succès ? (45 MIN)

Nous ne réussirons pas toujours à résoudre des problèmes difficiles, mais nous pouvons toujours essayer d'améliorer nos compétences pour les traiter ! Cela nous aidera à vivre en paix avec les autres (*Romains 15.5*). Ce n'est pas toujours ce que vous dites qui blesse, c'est la manière dont vous le dites. (*Proverbes 15.1*). Si les gens se sentent en sécurité et respectés, vous pouvez traiter n'importe quel sujet.

Les cultures divergent dans leur manière d'aborder les dialogues difficiles. C'est vrai pour les diverses cultures représentées dans la Bible. Par exemple, dans la Genèse certains font appel à des médiateurs (*Genèse 32.3–5*) ; tandis que dans l'évangile de Matthieu, les gens sont encouragés à établir un contact direct avec la personne (*Matthieu 18.15–17*). Quelles que soient les approches, les problèmes doivent être affrontés. Sinon, les difficultés continueront sous la surface, et seront sources de troubles.

DISCUSSION EN PETIT GROUPE

1. Quels procédés votre culture utilise-t-elle pour faire face à un dialogue difficile ? Faites-vous appel à un médiateur, choisissez-vous le contact direct, ou avez-vous une autre approche ?
2. Quels principes directeurs pourriez-vous recommander aux gens qui partagent votre culture afin de traiter les problèmes difficiles ?

Partagez les réponses dans le grand groupe et complétez avec les principes ci-dessous s'ils n'ont pas été mentionnés :

Tout en parcourant les principes directeurs ci-dessous, comparez-les avec les vôtres. En quoi sont-ils similaires ou différents ?

Préparez la réunion :

1. Priez pour demander le discernement, l'intervention du Saint Esprit, des cœurs bien disposés, et des résultats positifs. Examinez votre cœur pour vous assurer que vos motivations sont pures.
2. Sachez bien quel résultat vous voulez obtenir en priorité. Sachez bien ce à quoi vous voulez faire aboutir le dialogue et gardez ce but clairement en tête. Par exemple, votre priorité est-elle de trouver une bonne solution au problème, ou de prouver que vous avez raison ?
3. Agissez avec la ou les bonne(s) personne(s), au bon moment, au bon endroit, et avec la bonne information. Réfléchissez soigneusement à qui doit être impliqué. Choisissez soigneusement le moment. Trouvez un lieu sécurisant pour le dialogue. Rassemblez toutes les informations nécessaires à la discussion. Certains conflits sont résolus simplement en donnant une information juste.

Pendant la rencontre :

1. **Sécurisez le dialogue.** Asseyez-vous en cercle. Pour commencer le dialogue, parlez de ce que vous avez en commun : des valeurs partagées, des objectifs, l'histoire de votre collaboration réussie. Communiquez le respect que vous avez pour les personnes, tant par vos paroles que par votre langage corporel. Préparez-vous à entendre des choses dont vous n'étiez pas conscients. Soyez attentifs à ce que les gens communiquent, par les paroles ou par le langage corporel. Par exemple un silence peut signifier que quelqu'un ne se sent pas en sécurité.

   Chaque fois que vous remarquez que quelqu'un est sur le point de sortir du cercle (physiquement ou mentalement), cessez de parler du problème et revenez à vos objectifs communs, à la valeur que vous donnez à la personne, etc. Quand la personne se sent de nouveau en sécurité, vous pouvez revenir à la discussion sur le problème. Si les gens ne se sentent pas en sécurité, il vaut peut-être mieux arrêter, et fixer un autre rendez-vous pour se rencontrer.

   Et s'il arrive que vous ayez envie de sortir du cercle, rappelez-vous vos objectifs communs, et votre engagement à traiter le sujet.

2. **Racontez l'histoire.** Faites raconter à chacun l'histoire de ce qui est arrivé, selon son propre point de vue. Servez-vous de ces questions :

- Que s'est-il passé ?
- Qu'avez-vous pensé de la situation à ce moment-là ?
- Que pensez-vous de la situation depuis ?
- Qui a été affecté par ce qui est arrivé ? Comment ont-ils (elles) été affecté(e)s ?
- De quoi pensez-vous avoir besoin pour que la situation redevienne juste ?

Racontez l'histoire avec honnêteté. Ne taisez pas certaines parties pour paraître meilleur ! Ne jugez pas les motivations des autres. Chacun écoute jusqu'à son tour de parler.[9]

3. **Mettez-vous d'accord sur les étapes suivantes.** Si possible, mettez-vous d'accord sur les étapes suivantes, même si vous n'arrivez pas à tout résoudre par un seul dialogue. Vous pourrez ajuster les plans au fur et à mesure. Priez ensemble et réjouissez-vous d'avoir pu entamer un dialogue.

EXERCICE EN PETIT GROUPE

Choisissez l'une des histoires ci-dessous. Faites un jeu de rôles du « dialogue difficile » qui aura lieu, en vous servant de ce que vous aurez appris dans cette séance pour compléter le sketch.

Les oranges volées

Personnages :
le garçon
Richard et sa femme
les parents du garçon
leur pasteur

Un matin de bonne heure, un homme qui s'appelle Richard est chez lui, en train de parler avec sa femme. Il aperçoit par la fenêtre le fils de ses voisins, un garçon de 8 ans, qui vole des oranges de son oranger. Il se précipite dehors, attrape l'enfant et se met à le frapper avec une bêche qu'il a ramassée tout en courant. Le garçon pousse des hurlements et ses parents arrivent en courant. Le temps qu'ils soient sur place, l'enfant est par terre, et se tord de douleur. Les parents le conduisent en hâte à l'hôpital où les médecins le gardent plusieurs jours. Puis finalement il va assez bien pour qu'ils le laissent sortir. Sa famille doit payer une énorme facture pour les soins médicaux. Les deux familles sont membres d'une Église locale et leur pasteur les rencontre un jour pour tenter d'arriver à une réconciliation entre ces familles…

---

[9] Si le problème consiste à prendre une décision difficile, demandez à chaque personne :
1. Quelle est la situation, de votre point de vue ?
2. Quelles décisions possibles imaginez-vous ?
3. Qui serait affecté par chaque option, et comment ?
4. Quelle serait la meilleure décision à votre avis ?

Le chien dans le jardin

Personnages :
Thomas
Ruth
Maurice
Anne
Rusty
les enfants
le pasteur

Thomas et Ruth sont voisins de Maurice et Anne, dans une petite ville. Ils fréquentent tous la même Église et sont amis. Maurice et Anne sont fiers des fleurs et des légumes qu'ils font pousser dans leur jardin.

Thomas et Ruth ont deux jeunes enfants et ne prennent pas beaucoup soin de leur terrain. Un jour, Thomas et Ruth décident d'adopter un chien du refuge pour animaux. Ils rentrent à la maison avec un gros chien bâtard, amical et pas encore adulte. Ils l'appellent Rusty. Très vite, Rusty court partout dans leur jardin et joue joyeusement avec les enfants.

Mais un matin, Rusty pénètre dans le jardin de Maurice et Anne, il arrache tous les plants de tomates et il saute sur les fleurs. Maurice attrape le chien par son collier et le traîne devant la porte de Thomas. « Reprends ton chien, dit-il, il a dévasté notre jardin ! » Avant que Thomas ait eu le temps de répondre, Maurice repart chez lui.

La semaine suivante, Thomas fait tout ce qu'il peut pour garder le chien sous contrôle, mais une nuit, celui-ci s'échappe encore, et cette fois-ci il arrache les roses préférées d'Anne. À partir de ce jour-là, Maurice et Anne refusent d'adresser la parole à Thomas et Ruth, même quand ils se retrouvent à l'église. Le pasteur essaie maintenant de les aider à se réconcilier...

L'argent perdu et retrouvé

Personnages :
Jean
et sa femme
Georges
et sa femme
le pasteur

Jean trouve un billet de 100 $ dans la rue devant chez lui. Il le met dans sa poche et commence à imaginer comment il va le dépenser. Deux jours plus tard, sa femme lui dit que Georges, leur voisin, a un problème. Il faut des médicaments pour soigner le diabète de sa femme, mais un billet de 100 $ manque dans son portefeuille. Il a cherché partout mais il n'a rien trouvé. Jean commence à se sentir nerveux, il a peur. Finalement il raconte à sa femme ce qui s'est passé. Ils discutent de ce qu'il faut faire et décident de demander de l'aide à leur pasteur. Le pasteur suggère qu'ils aillent rendre visite à Georges et à sa femme...

5. Activité finale (5 MIN)

Réfléchissez à ces questions :

1. Quels sont les dialogues difficiles qu'il me faudrait entreprendre ? Avec qui ?
2. Que puis-je faire pour les entreprendre ? Et quand ?

DISCUSSION PAR DEUX

Partagez vos réflexions et priez l'un(e) pour l'autre.

Priez pour demander l'aide et la bénédiction de Dieu lorsque vous prendrez cette initiative.

Leçon 7. Chercher la réconciliation

Avant de commencer :

- Pour la section 2 : Préparez 5 feuilles de papier sur chaque table, avec les versets bibliques.
- Pour la section 3 :
  - Découpez 5 grandes formes en papier. Ecrivez l'un des mots du diagramme sur chacune des formes. Placez une forme sur chaque table.
  - Préparez le sketch.
- Pour la section 5 : Découpez 6 grandes formes en papier. Écrivez l'un des mots du diagramme sur chacune des formes. Placez une forme sur chaque table.

Pendant cette séance nous allons :

- Explorer de bonnes manières de parler avec les personnes qui nous ont blessés, et de leur offrir le pardon.
- Trouver de bonnes manières d'approcher les personnes que nous avons blessées et de leur demander pardon.

Introduction de la séance

Nous sommes appelés à vivre en harmonie avec les autres, mais parfois nos relations sont tendues. D'autres peuvent nous avoir blessés, ou nous pouvons avoir blessé d'autres personnes. C'est une part normale de la vie en société. Nous devons appliquer les compétences développées pour les « dialogues difficiles » (Leçon 6) pour chercher la réconciliation : soit en pardonnant aux autres, soit en leur demandant de nous pardonner.

---

1. Les fils perdus   (10 MIN)

Jésus a raconté cette histoire :

« Un homme a deux fils. Un jour, le plus jeune lui dit : Père, donne-moi ma part d'héritage. » Alors le père partage ses richesses entre ses deux fils. Quelques jours après, le plus jeune fils vent tout ce qu'il a reçu et il part avec l'argent dans un pays éloigné.

Là il se conduit très mal et il dépense tout son argent. Quand il a tout dépensé, une grande famine survient dans ce pays et le fils commence à manquer de tout. Il va travailler pour un habitant du pays. Cet homme l'envoie dans les champs garder les cochons. Le fils a envie de manger la nourriture des cochons, mais personne ne lui en donne.

Alors il se met à réfléchir. Il se dit : "Chez mon père, tous les ouvriers ont assez à manger, et même ils en ont trop ! Et moi, ici, je meurs de faim ! Je vais partir pour retourner chez mon père et je vais lui dire : Père, j'ai péché contre Dieu et contre toi. Je ne mérite plus d'être appelé ton fils. Fais comme si j'étais l'un de tes ouvriers." Il part pour retourner chez son père.

Le fils est encore loin. Mais son père le voit et il est plein de pitié pour lui. Il court à sa rencontre, il le serre contre lui et l'embrasse. Alors le fils dit à son père : "Père, j'ai péché contre Dieu et contre toi, je ne mérite plus d'être appelé ton fils." Mais le père dit à ses serviteurs : "Vite ! Apportez le plus beau vêtement et habillez mon fils. Mettez-lui une bague au doigt et des sandales aux pieds. Amenez le veau qu'on a fait grossir et tuez-le. Mangeons et faisons la fête. Oui, mon fils qui est là était mort et il est revenu à la vie. Il était perdu et il est retrouvé !" Ils commencent à faire la fête.

Pendant ce temps, le fils aîné travaillait dans les champs. Quand il revient et s'approche de la maison, il entend de la musique et des danses. Il appelle un des serviteurs et il lui demande ce qui se passe. Le serviteur lui répond : "C'est ton frère qui est arrivé. Et ton père a fait tuer le gros veau, parce qu'il a retrouvé son fils en bonne santé."

Alors le fils aîné se met en colère et il ne veut pas entrer dans la maison. Le père sort pour lui demander d'entrer, mais le fils aîné répond à son père : "Écoute ! Depuis de nombreuses années, je travaille pour toi. Je n'ai jamais refusé d'obéir à tes ordres. Pourtant, tu ne m'as jamais donné une petite chèvre pour faire la fête avec mes amis. Ton fils qui est là a mangé tout ton argent avec des filles, mais quand il arrive, tu fais tuer le gros veau pour lui !" Le père lui répond : "Mon enfant, toi, tu es toujours avec moi, et tout ce qui est à moi est à toi. Mais il fallait faire la fête et nous réjouir. En effet, ton frère qui est là était mort et il est revenu à la vie. Il était perdu et il est retrouvé." »

(*Luc 15.11–32*)

DISCUSSION EN PETIT GROUPE

1. Qui doit se réconcilier avec qui ?
2. Qu'a fait chaque personne pour chercher la réconciliation ?
3. Pensez à un moment où vous vous sentiez comme l'un des fils, ou comme le père.

Partagez les réponses dans le grand groupe.

2. Quelles sont les attitudes nécessaires pour vivre en harmonie avec les autres ?

(15 MIN)

DISCUSSION EN PETIT GROUPE

Que disent ces versets sur les moyens de vivre en paix avec les autres ?

Romains 12.17–18
Philippiens 2.6–11
Romains 15.7
Actes 10.34–45

Matthieu 18.15–17
Matthieu 5.23–24
Proverbes 9.7–9

Partagez les réponses et complétez avec les éléments ci-dessous s'ils n'ont pas été mentionnés :

- Autant que cela dépend de nous, nous devons essayer de vivre en paix avec tous—sans exception.
- Dieu accepte toute personne de la même manière et nous pardonne à tous généreusement.
- Nous devons avoir la même attitude que Dieu envers les autres et offrir/demander le pardon chaque fois que c'est nécessaire.
- Il y a souvent des dialogues difficiles et le résultat est imprévisible.
- Notre offre peut être acceptée ou rejetée. Pourtant nous devons faire notre part pour vivre en paix avec tous.

3. Offrir le pardon

(30 MIN)

Guérir les Traumatismes nous aide à présenter notre souffrance au Christ et à pardonner aux autres du fond du cœur. Ce processus demande du temps. Lorsque nous sommes prêts, nous pouvons entreprendre l'étape suivante du processus.

DISCUSSION EN GRAND GROUPE

1. Quand est-ce sage d'offrir son pardon à quelqu'un qui vous a blessé(e) ?
2. Quand est-ce sage d'attendre avant d'offrir son pardon ?
3. Quand est-ce sage de pardonner à quelqu'un dans votre cœur, sans lui en parler ?

Dans certaines situations, il n'est pas possible d'offrir le pardon à quelqu'un qui nous a blessés, soit parce que nous n'avons pas de contact avec lui, soit parce que nous ne pourrions pas le faire en sécurité. En ce cas, nous pouvons trouver une alternative, comme écrire une lettre à cette personne, offrir notre pardon à quelqu'un qui la remplace, ou exprimer notre pardon devant Dieu, dans la prière.

ACTIVITÉ

Figure 12. Offrir le pardon, c'est comme donner un cadeau à l'offenseur

Julie and **Chloé** travaillent dans le même bureau. Un jour leur patron leur demande de travailler ensemble sur un projet, avec Chloé comme responsable du projet. Chloé est très occupée chez elle, et elle ne fait pas grand-chose pour aider Julie. Quand elle donne le projet terminé à leur patron, elle ne lui dit pas que Julie a fait presque tout le travail. Le patron est si content du travail fait qu'il accorde à Chloé une promotion. Chloé ne sait pas quoi faire. Elle sait que c'est Julie qui a fait le travail, mais elle a besoin de cet argent supplémentaire pour payer des factures imprévues. Alors elle sourit et elle accepte l'offre.

Jouez ces trois sketchs qui montrent comment le dialogue pourrait se dérouler :

1. Julie dit à Chloé, « Je dois te dire franchement que j'ai été blessée quand tu as accepté cette promotion qui était due au travail que moi j'ai accompli. Mais après avoir beaucoup prié, je te pardonne et je veux que nous ayons de bonnes relations de travail. » **Chloé répond :** « Je n'ai rien fait de mal ! Si le patron t'avait offert une promotion, est-ce que tu ne l'aurais pas acceptée ? Il n'y a rien à me pardonner ! »

2. Julie dit à Chloé, « Je sais ce qui s'est passé et pourquoi c'est toi qui as eu la promotion. J'ai dû prier pendant quelques semaines, mais pour finir, je te pardonne ce que tu as fait. » **Chloé répond :** « D'accord, bon, ce n'est pas grand-chose. Un jour tu auras une promotion, toi aussi. Chaque chose dans le temps de Dieu. »

3. Julie dit à Chloé, « Je sais ce qui s'est passé et pourquoi c'est toi qui as eu la promotion. J'ai dû prier pendant quelques semaines, mais pour finir, je te pardonne ce que tu as fait. » **Chloé répond:** « Je me sentais mal depuis que c'est arrivé. Sur le moment, je n'ai pas réfléchi assez vite. Tu ne le sais pas encore, mais hier, je suis allée voir le patron et je lui ai dit que c'est toi qui as fait tout le travail. Il a dit qu'il te verrait demain pour te donner cette promotion à toi, au lieu de moi. Je suis désolée d'avoir mal agi. Merci pour ton pardon. »

DISCUSSION EN PETIT GROUPE

Partagez un moment où vous avez offert votre pardon à quelqu'un ? Que s'est-il passé ?

Votre expérience ressemble-t-elle au sketch 1, ou au 2 ou au 3, ou a-t-elle été complètement différente ?

DISCUSSION EN PETIT GROUPE

Donnez à chaque petit groupe un papier sur lequel vous aurez écrit en grosses lettres l'une des étapes ci-dessous. Demandez aux groupes de lire la section correspondante et d'en discuter, puis de la dire avec leurs propres mots. Demandez à un représentant de chaque petit groupe de se préparer à présenter leurs réflexions au grand groupe.

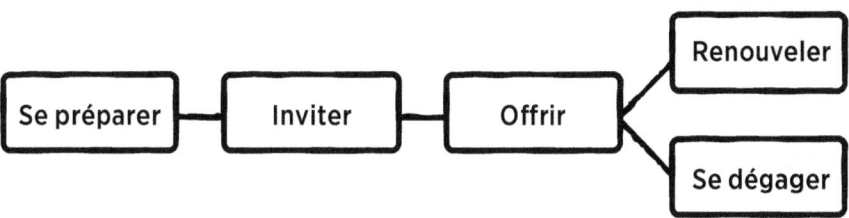

Figure 13. Le processus de l'offre du pardon

Préparer la rencontre :

- **Préparez.** Préparez votre cœur (voir *Guérir les Traumatismes*, les leçons sur Apporter votre souffrance à la croix et Le Pardon). Demandez à Dieu le discernement et l'humilité. Rappelez-vous que vous-même, en tant qu'être humain, vous pourriez avoir infligé une blessure semblable. Vous pouvez faire une répétition de ce que vous direz, avec une personne en qui vous avez confiance.
- **Invitez.** Invitez la ou les bonne(s) personne(s), au bon moment, au bon endroit. Cette rencontre peut impliquer uniquement vous et l'autre personne, ou impliquer aussi d'autres personnes qui ont été affectées par le problème. Dans certaines cultures, on fait cela directement (*Matthieu 18.17–18*). Dans d'autres on fait appel à un médiateur. Après avoir invité la (les) personne(s), attendez sa (leur) réaction.

Pendant la rencontre :

- **Offrir le pardon.** Racontez votre histoire, en incluant ce qui est arrivé et ce que vous ressentez. Nommez la souffrance qui vous a été infligée. Dites à cette personne qu'elle vous a blessé(e). Mais que vous lui pardonnez et ne lui en tenez plus rigueur. Écoutez son point de vue et présentez des excuses pour toute part effective que vous pouvez avoir dans ce problème. Demandez-lui ce que vous attendez de sa part ; par exemple une explication : pourquoi a-t-elle fait cela ? Ou bien que la personne écoute votre histoire, ou qu'elle regrette ce qu'elle a fait, ou qu'elle répare, ou que vous souhaitez ne plus jamais la revoir.

- **Renouveler ou se dégager.** La ou les personnes peuvent accepter ou refuser votre offre : il n'y a aucune garantie. Si la personne reconnaît ses torts et accepte votre offre de pardon, commencez le travail de reconstruction de votre relation. Cela prendra du temps, il lui faudra peut-être du temps pour réparer. Si vous apprenez que vous lui avez aussi fait du tort, il vous faudra aussi réparer. Posez un acte pour symboliser votre relation renouvelée : par exemple, prendre un repas ensemble, planter un arbre, célébrer un rite, ou prier ensemble. Si, après beaucoup de prière et d'effort, la personne refuse votre offre, ou si vous risquez d'être à nouveau blessé(e) par cette personne, il vous faudra sans doute vous dégager de la relation, sachant que vous avez fait tous les efforts possibles pour vivre en paix avec cette personne. Vous ne lui souhaitez pas de mal, mais vous ne voulez plus qu'elle fasse partie de votre vie.

Demandez aux représentants de chaque groupe de se placer dans l'ordre de ces étapes et de partager leurs réponses dans le grand groupe.

4. Comment présenter des excuses sincères ? (10 MIN)

Parfois, c'est nous qui avons offensé. Présenter des excuses sincères et demander pardon est difficile, en particulier si l'offense était intentionnelle.

DISCUSSION EN GRAND GROUPE

Pourquoi peut-on trouver cela difficile de présenter des excuses ?

DISCUSSION EN PETIT GROUPE

Qu'est-ce qu'une mauvaise excuse ?

Qu'est-ce qu'une excuse sincère ?

Partagez les réponses et complétez avec les éléments ci-dessous s'ils n'ont pas été mentionnés :

Mauvaises excuses :

- Je suis désolé(e) mais… *(Ce n'était pas de ma faute !)*
- Je suis désolé(e) que tu réagisses comme cela. *(C'est toi le problème.)*
- Je suis désolé(e). Je n'ai pas fait exprès de te blesser. *(En fait, je suis innocent.)*
- Je suis désolé(e). J'ai fait de mon mieux. *(Je suis une bonne personne.)*
- Je suis désolé(e) si je t'ai blessé(e). *(Je ne pense pas l'avoir fait, mais c'est toi qui le penses !)*
- Je suis désolé(e), alors pardonne-moi… tout de suite !
- Quand je dis tout le temps que je suis désolé(e), même pour les choses dont je ne suis pas responsable. (« *Je suis dans une telle détresse que vous devez prendre soin de moi !* »)
- Quand je dis que je suis désolé(e), mais je ne fais absolument rien pour réparer.

Excuses sincères :

- J'assume la responsabilité de t'avoir blessé(e).
- J'écoute ton histoire et je ressens ta souffrance.
- J'ai des remords et je promets de ne pas recommencer.
- Je mets en actes mes paroles d'excuses. Je fais tout ce que je peux pour réparer.
- Je te demande de me pardonner pour ce que j'ai fait.

Comme pour l'offre du pardon, si c'est impossible de rencontrer la personne ou si cela ne peut pas se faire en sécurité, écrivez vos excuses par lettre ou dites-les à une personne qui remplace celle que vous avez blessée. Cela peut aider à apaiser les remords.

---

5. Comment présenter des excuses et demander pardon ?

(18 MIN)

Le processus pour demander pardon est semblable à celui pour offrir son pardon.

DISCUSSION EN PETIT GROUPE

Comme pour l'exercice sur l'offre du pardon, donner à chaque petit groupe une feuille de papier où l'une des étapes ci-dessous sera écrite en grosses lettres. Demandez à chaque groupe de lire la section correspondante, d'en discuter le contenu, et de considérer de quelle manière c'est différent de l'offre du pardon. Demandez à un représentant de chaque petit groupe de venir à son tour pour présenter les réflexions de son petit groupe au grand groupe.

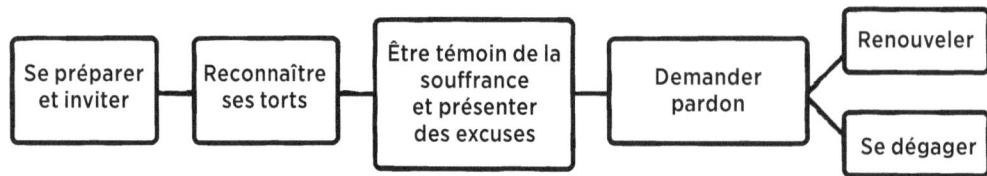

Figure 14. Présenter des excuses et demander pardon

- **Se préparer et inviter.** Demander à Dieu le discernement et l'humilité. Les excuses doivent venir de votre cœur. Elles peuvent être privées ou publiques. Toute personne qui a été affectée par l'offense doit être au courant de vos excuses
- **Reconnaître le mal que vous avez fait.** Nommez le mal que vous avez fait, et la manière dont il a affecté les autres. Dites la vérité, même si elle est honteuse. Assumez la responsabilité de vos actes. Répondez honnêtement et entièrement à toutes les questions qu'on pourra vous poser.
- **Se faire témoin de la souffrance causée et présenter des excuses.** Laissez les personnes raconter leur histoire et écoutez, sans corriger des détails, discuter ou vous défendre. Après avoir écouté l'histoire, vous vous rendrez peut-être compte que vous les avez blessées bien plus que vous ne pensiez, et que vous devez allonger la liste des torts que vous avez commis. Leur présenter des excuses restaure la dignité des personnes blessées. Si par la suite, elles ont besoin de parler encore, soyez prêts à les écouter encore.
- **Demander pardon.** « Veux-tu me pardonner ? » Offrez de réparer et engagez-vous à changer votre comportement. Ne forcez pas la personne blessée à vous pardonner immédiatement. Il lui faudra peut-être du temps.
- **Renouveler ou se dégager** (comme pour l'offre du pardon). Si la personne accepte de vous pardonner, recevez son pardon sans examiner si elle est sincère. Travaillez à renouveler la relation par des expériences positives que vous vivrez ensemble. Si la personne n'accepte pas vos excuses ou ne souhaite plus être en relation avec vous, vous pouvez vous dégager de la relation, sachant que vous avez fait votre part.

Demandez aux représentants de chaque groupe de se placer dans l'ordre de ces étapes et de partager leurs réponses dans le grand groupe.

6. Exercice final (7 MIN)

RÉFLEXION INDIVIDUELLE

Dans la prière, demandez à Dieu de vous montrer si vous devez offrir votre pardon à quelqu'un, ou si vous devez présenter des excuses à quelqu'un. Regardez les étapes des processus décrits ci-dessus et élaborez un plan d'action.

Priez pour demander l'aide de Dieu.

Leçon 8. Trouver un but à sa vie

Avant de commencer :

- Pour la section 5 : Préparez sur les tables de grandes feuilles de papier pour chaque personne. Mettez à disposition des marqueurs ou des crayons de couleurs.

Pendant cette séance nous allons :

- Considérer l'importance de découvrir ce à quoi Dieu nous appelle dans notre vie.
- Découvrir des moyens pour réaliser notre vocation, peut-être en transformant notre souffrance en bien.
- Discuter des moyens de prendre soin de nous, afin de ne pas être épuisés par la situation.

Introduction de la séance

Le traumatisme nous prive de notre voix : dans ce qui arrive, nous n'avons rien à dire. Le travail aide à retrouver notre voix. Il nous permet de voir que nous avons un rôle à jouer dans le monde, et que nous avons le pouvoir d'influencer notre environnement. Parfois notre but dans la vie trouve son origine dans le traumatisme que nous avons subi.

Pour nous épanouir, il nous faut accomplir le projet que Dieu a pour nous. Ce but peut être dans le domaine d'un ministère chrétien, de l'éducation, des sciences, des arts, du travail social, de l'engagement politique, ou tout autre domaine de l'existence. Lorsque nous accomplissons notre but, nous ne devons pas oublier de prendre soin de nos propres besoins, afin de ne pas nous épuiser.

1. L'histoire de Charles (10 MIN)

C'est l'histoire d'un jeune homme, nommé Charles, qui vit dans le village d'Ibobo. Il a 22 ans et pour lui c'est très difficile de gagner de l'argent. Ayant appris qu'une famille s'est absentée pour quelques jours, il s'introduit de nuit dans leur maison par une fenêtre de derrière. Il s'empare de leur télé, et remplit une valise vide avec leurs vêtements. Il ressort sans bruit et retourne chez lui avec ce qu'il a pris. Il commence à faire des plans pour vendre ces objets. Ce qu'il ignore, c'est qu'un voisin l'a vu pénétrer dans la maison et en ressortir, chargé de ce qu'il a volé. Tôt le lendemain matin, le voisin avertit la police et les policiers vont tout droit chez Charles. Ils le trouvent là, avec ce qu'il a volé. Ils l'arrêtent et il est condamné à 2 ans de prison.

Pendant son séjour en prison, Charles suit une session « Guérir les traumatismes » et il fait face à la honte qu'il ressent. De plus, il donne sa vie à Jésus et demande à Jésus de le guérir. Charles découvre qu'il aime travailler le bois à l'atelier de menuiserie de la prison. À la fin de sa peine, il est libéré et une ONG lui donne un kit d'outils de menuiserie.

Il retourne dans son village et il commence à gagner sa vie en fabriquant des chaises et en réparant des portes et des fenêtres pour les maisons. Il commence aussi à fréquenter l'Église. Il se joint à un groupe d'hommes qui se réunissent une fois par semaine pour prier les uns pour les autres. Dans le groupe, un homme plus âgé l'aide beaucoup. Il commence à être heureux et il se rend compte qu'il fait quelque chose d'utile et qui lui plaît. Il aide quelques femmes veuves à réparer leurs maisons en mauvais état, sans demander à être payé. Il commence à payer les frais de scolarité pour un frère plus jeune.

Lorsqu'il venait juste de sortir de prison, il était rempli de honte parce que tout le monde savait qu'il avait été en prison. Mais au fur et à mesure que le temps passe, il est considéré comme un membre utile à sa communauté.

DISCUSSION EN PETIT GROUPE

1. Pourquoi est-il important que Charles trouve un travail qui lui plaise ?
2. Après son retour, comment participe-t-il à la vie de la communauté ?
3. Comment l'Église l'a-t-elle aidé ?

Partagez les réponses dans le grand groupe.

---

2. Comment découvrir un but à notre vie ? (20 MIN)

Découvrir un but à notre vie exige de la réflexion. Cela demande que nous fassions attention à ce que nous ressentons tandis que nous nous engageons dans nos activités.

RÉFLEXION INDIVIDUELLE

1. Pensez à ce que vous faites chaque jour. Cela vous donne-t-il le sentiment d'être une plante flétrie ou une plante florissante ? Expliquez.
2. Quel genre de choses vous épanouit ? Quel genre de choses vous fait vous flétrir ?

Figure 15. S'épanouir ou se flétrir ?

Partagez les réponses dans le grand groupe.

Le but de notre vie peut être notre travail qui nous procure des ressources. Ce peut aussi être quelque chose que nous faisons pendant notre temps libre, comme un loisir, un ministère ou une activité bénévole. Nous savons que nous accomplissons le but de notre vie lorsque ce que nous faisons :

- nous met au défi et saisit notre imagination
- nous permet d'exercer nos dons et notre créativité
- nous permet d'être fiers de ce que nous avons produit
- nous donne joie, énergie, satisfaction, et dignité

Nous pouvons exercer toute sorte de travail ou de ministère pendant un certain temps, mais dans la durée, nous avons besoin d'activités que nous trouvions épanouissantes, sinon nous allons nous flétrir comme une plante privée de soleil. Cela ne veut pas dire qu'une vie épanouissante ne comprend pas aussi des choses désagréables. Et notre but peut évoluer au cours du temps.

Parfois nos choix sont limités, mais il y a toujours quelque chose, peut-être une toute petite chose, que nous pouvons trouver à faire et qui nous apporte joie et satisfaction (*Jérémie 31.2*). Par exemple, si nous sommes dans un camp de réfugiés, nous avons besoin de créativité pour trouver quelque chose à faire qui nous donne de la joie.

Nous sommes faits à l'image de Dieu. Il a travaillé pour créer l'univers. Et nous aussi, nous travaillons et nous sommes créatifs (*Genèse 1.28 ; 2.15, 19-20*). Nous pouvons offrir notre travail comme un acte saint d'adoration envers Dieu (*Éphésiens 6.5-7 ; Colossiens 3.23-24*)

DISCUSSION EN PETIT GROUPE

1. Qu'est-ce que ces passages bibliques nous enseignent sur l'accomplissement de notre but dans la vie ?
2. Dans quelle mesure le travail est-il sacré ?

Exode 31.1-5 (artistes pour la tente de la rencontre)
Psaume 81.2 (musiciens)
Genèse 4.21 (Youbal)
Actes 9.36-39 (Dorcas)
Actes 16.14 (Lydie)

Partagez les réponses dans le grand groupe.

3. Comment pouvons-nous accomplir le but de notre vie ?

(15 MIN)

Figure 16. Utiliser sa souffrance pour le bien

En toutes circonstances, même si nous avons vécu des situations terribles, Dieu est à l'œuvre pour en faire sortir quelque chose de bon, et nous pouvons collaborer à ce processus. Plutôt que d'être écrasés par le traumatisme, nous pouvons le surmonter et utiliser cette souffrance pour notre bien. Notre faiblesse peut devenir notre force. Par exemple un homme, victime d'abus quand il était enfant, a entrepris un ministère auprès des enfants vulnérables et il a aidé des centaines de milliers d'enfants dans le monde entier. Dans la Bible, la souffrance de Joseph l'a conduit à sauver son peuple et les Égyptiens de la famine (*Genèse 50.20*).

DISCUSSION EN PETIT GROUPE

Où vous situez-vous dans cette illustration ? Êtes-vous écrasés par votre traumatisme ? Ou bien pouvez-vous le surmonter et l'utiliser pour être une bénédiction pour d'autres personnes ? Ou bien vous situez-vous ailleurs dans le processus ?

ACTIVITÉ INDIVIDUELLE

> Réfléchissez :
>
> À vos compétences, votre expérience, et votre éducation
> Aux besoins de votre communauté : tous, depuis les besoins matériels jusqu'à l'art ou le divertissement
> Aux ressources disponibles (pas seulement le financement)
>
> Essayez de trouver des moyens pour rassembler tout cela. Pour vous aider, remplissez les blancs de cette phrase :
>
> Je pourrais utiliser mes compétences/mon expérience/mes connaissances de _____ pour aider les gens de ma communauté à combler leurs besoins de _____. Pour réaliser cela, je pourrais aussi m'appuyer sur _____ (ressources ou aide) de la part de _____ (qui/ où).

Partagez les réponses dans le grand groupe.

Une fois que vous avez identifié ce que vous pouvez faire pour vous aider à mieux accomplir le but de votre vie, entrez en contact avec des personnes déjà impliquées dans ce domaine, pour apprendre d'elles et peut-être travailler ensemble.

4. Poser des limites à son travail (20 MIN)

Votre travail peut être tellement exigeant ou passionnant qu'il est nécessaire de poser des limites afin de ne pas vous épuiser.

DISCUSSION EN PETIT GROUPE

1. Que disent ces passages bibliques sur le repos ?

   Genèse 2.1–3   *Psaume 127.1–2*
   Exode 20.8–11

2. Qu'implique le repos ?
3. Est-il différent du sommeil ?
4. Qu'est-ce qui vous empêche de vous reposer ?

Partagez les réponses dans le grand groupe et complétez avec les éléments ci-dessous s'ils n'ont pas été mentionnés :

Savoir se reposer montre que :

- nous obéissons à Dieu qui nous a ordonné de nous reposer (*Genèse 2.2* ; *Exode 20.8–11*).
- nous savons que tout ne dépend pas de nous. Nous ne sommes pas indispensables. L'immense amour de Dieu est au travail dans le monde (*Jean 3.16*).
- nous prenons conscience que même si nous terminons notre travail d'aujourd'hui, il y aura toujours davantage à faire !

Se reposer n'est pas la même chose que dormir. Le repos implique de :

- Donner au repos sa part dans notre rythme de vie : chaque jour, chaque semaine, et si possible au moins une semaine par an. Pour chaque montagne d'activité, il doit y avoir une vallée de repos.

Figure 17. Pour chaque montagne, il y a une vallée !

- Trouver quelque chose de reposant pour nous, qui n'implique pas d'atteindre un objectif. Ce doit être quelque chose sans relation avec notre travail habituel, nous pourrons ainsi retourner à notre travail avec l'impression d'avoir des forces renouvelées. Cela peut consister à pratiquer un sport, rendre visite à des amis, faire la cuisine, des travaux manuels, ou jouer avec les enfants. Pour

beaucoup de gens cela peut exiger de se déconnecter de leur téléphone portable et d'internet.
- Identifier nos sources de stress. Le stress peut venir :

> d'un traumatisme
> des autres qui réclament notre aide
> de bonnes choses qui nous sur-stimulent.

Quelle que soit l'origine de notre stress, notre corps ne fait pas la différence. Notre corps sait seulement quand il y a une urgence et il répond par un surplus de force et d'énergie. Il peut nous arriver d'être accro à cette hausse d'énergie et d'en faire notre mode de vie. En ce cas, nous allons exténuer notre corps et devenir incapable de servir Dieu ou autrui. Le repos n'est pas une option.

DISCUSSION PAR DEUX

1. Quelles sortes de choses trouvez-vous reposantes ?
2. À quels défis faites-vous face pour prendre du repos – chaque jour, chaque semaine, chaque année ?
3. Pourquoi éprouvez-vous des difficultés à dire « non » aux autres ? et à de nouvelles opportunités ?

Partagez les réponses dans le grand groupe.

---

5. Activité finale (15 MIN)

Choisissez l'une de ces activités :

1. Dessinez-vous en train d'accomplir votre but dans la vie.
2. Faites un dessin de choses que vous aimeriez faire pour prendre soin de vous. Vous le placerez là où il vous rappellera ce que vous devez faire.

Leçon 9. Militer pour la justice

Avant de commencer :

- Pour la section 2: Préparer un tableau sur une feuille de conférence.

Pendant cette séance nous allons :

- Décrire comment l'injustice fonctionne dans une société.
- Identifier dans notre communauté des groupes qui subissent des injustices.
- Commencer à discerner qui doit être engagé dans une lutte pour la justice et quelle pourrait être notre part.

Introduction de la séance

Lorsque nous faisons l'expérience de la guérison de notre propre traumatisme, nous pouvons être attirés par l'idée d'aider d'autres personnes qui souffrent. Ces gens peuvent être incapables d'affronter des dialogues difficiles parce que personne n'entend leur voix. Ils peuvent avoir besoin d'aide, d'une part pour se remettre de leur propre souffrance et d'autre part pour changer les structures injustes qui font perdurer leur souffrance. Pendant cette séance nous nous attacherons à dénoncer l'injustice. Quand nous agissons ainsi, non seulement, nous réduisons la souffrance, mais aussi nous remplissons notre rôle de disciples de Jésus dans le monde (*Luc 4.18–19*). Les gens verront, grâce à notre action, que Dieu et les chrétiens se préoccupent de la justice.

---

1. L'histoire de Sam (15 MIN)

Sam est allongé dans son lit, sans pouvoir dormir. À travers la cloison, il entend que le garçon de ses voisins est frappé avec brutalité. Cela dure un certain temps. Au bout d'un moment, les pleurs du garçon se changent en faibles gémissements.

Sam est en conflit avec sa propre responsabilité dans cette situation. Ce n'est pas la première fois qu'il entend que le garçon des voisins est battu, mais cette fois-ci le père était fou de rage, il a perdu tout contrôle. Finalement, Sam ne peut plus le supporter. Il dit à sa femme qu'il doit faire quelque chose. Sa femme lui répond que ce ne sont pas ses affaires ; il n'a pas à intervenir. Sam essaie de suivre son avis, mais finalement, il se lève et appelle un ami qui est policier.

Son ami arrive sur le champ. Ils entrent chez les voisins et ils font sortir le garçon. Il y a du sang partout. Le père proteste, mais en vain. La police emmène le garçon à l'hôpital et prend des dispositions pour que l'enfant vive chez d'autres membres de la famille.

Le voisin de Sam ne lui dit plus jamais bonjour.

Après cet incident, Sam et sa femme travaillent avec la police pour aider les gens du voisinage à savoir qu'il est de leur devoir de signaler les cas de violence contre les enfants, et comment le faire. Par ce travail en commun, les violences envers les enfants diminuent de façon significative.

DISCUSSION EN PETIT GROUPE

1. Quels risques Sam a-t-il courus quand il a pris la situation en main ?
2. Qui a bénéficié de l'intervention de Sam ? Et de quel bénéfice s'agit-il ?
3. Qui a souffert de l'intervention de Sam, et comment ?
4. Quand est-ce pertinent de s'engager pour aider les gens qui subissent des injustices ?
5. Qu'ont fait Sam et sa femme pour lutter contre les violences envers les enfants dans leur communauté ?

Partagez les réponses dans le grand groupe

2. Comprendre comment le pouvoir fonctionne (20 MIN)

Dieu nous a accordé du pouvoir, son intention est que nous l'utilisions pour le bien de tous. Il a donné à chacun(e) d'entre nous des dons, des capacités et des expériences qui diffèrent (*Luc 19.11–27*). Chacun(e) de nous dispose de responsabilité et de pouvoir en quantité différente. Quelle que soit la quantité de pouvoir dont nous sommes investis, nous devons l'utiliser pour être au service des autres, ainsi que l'a fait Jésus (*Matthieu 20.25–28 ; Philippiens 2.3–8*).

L'injustice règne lorsque des gens utilisent leur pouvoir au bénéfice de leur propre groupe et pour opprimer les autres. On parle d'injustice systémique lorsque des gens créent un système de lois, de structures et de coutumes qui oppriment les autres.

Un moyen facile de mesurer le niveau de justice dans une communauté consiste à considérer comment on traite les veuves, les orphelins et les étrangers (immigrants, réfugiés, personnes déplacées).

DISCUSSION EN PETIT GROUPE

1. Comment certains utilisent-ils leur pouvoir pour créer des sociétés injustes ?
2. Qui souffre dans une société injuste ? Comment souffrent-ils/elles ?
3. Quelles choses vous attendez-vous à constater dans une société juste ?

Partagez les réponses dans le grand groupe et complétez avec les éléments ci-dessous s'ils n'ont pas été mentionnés :

Quand l'injustice règne :

- tout le monde souffre (*Proverbes 22.16 ; 1 Corinthiens 12.26*). Et certains souffrent plus que d'autres.
- il n'y a pas de paix véritable.

C'est l'intérêt de chacun(e) de travailler pour la justice.

DISCUSSION EN GRAND GROUPE

Réfléchissez à un problème de justice dans votre communauté. Concernant par exemple les réfugiés, les personnes handicapées, les victimes de trafic humain, les femmes, ou les veuves. Copiez la colonne de gauche du tableau sur un autre papier que tout le monde peut voir. Lisez la colonne de gauche et réfléchissez à la manière dont elle s'applique aux gens qui ont le plus de pouvoir. Discutez de la manière dont cela s'applique aux gens qui ont le moins de pouvoir. Ensuite, lisez ce qui est écrit dans la colonne de droite sur la même ligne et discutez de la manière dont cela s'applique à votre problème.

CEUX QUI DÉTIENNENT LE PLUS DE POUVOIR PEUVENT :	CEUX QUI DÉTIENNENT LE MOINS DE POUVOIR PEUVENT :
Protéger le statu quo, éventuellement en utilisant la violence et le pouvoir politique pour parvenir à cette fin.	Être exposés à plus de violences et ne pas bénéficier de la protection de la police. Craindre en permanence d'être attaqués. Avoir peur, être victimes d'intimidations.
Avoir un grand nombre d'opportunités pour les revenus, l'éducation, le logement, les soins médicaux, le travail, les emprunts, etc.	Avoir peu d'opportunités pour les revenus, l'éducation, le logement, les soins médicaux, le travail, les emprunts, etc.
S'isoler du reste de la société et perdre le contact avec l'expérience des autres.	Être isolés et rendus invisibles dans l'ensemble de la société : par exemple mariages mixtes non autorisés, être contraints de vivre dans certaines régions, etc.
Avoir le pouvoir d'écrire l'histoire de leur propre point de vue.	Être ignorés ou mal représentés dans l'histoire de la région. Perdre leur identité.

CEUX QUI DÉTIENNENT LE PLUS DE POUVOIR PEUVENT :	CEUX QUI DÉTIENNENT LE MOINS DE POUVOIR PEUVENT :
Être aveugles sur leurs privilèges et ne pas se sentir responsables du fonctionnement de la société.	Perdre l'espoir : « Rien ne va jamais s'arranger. Ce n'est pas la peine d'essayer. »
Imposer leur culture aux autres.	Nier leur identité afin d'être acceptés.
Ne pas se rendre compte que les autres sont mal à l'aise, ou font face à des défis.	Avoir honte, penser qu'ils n'ont pas assez de valeur.
Penser qu'ils peuvent exprimer leurs émotions librement, y compris la colère.	Devoir contenir leurs émotions, en particulier la colère, en présence des gens qui détiennent le pouvoir.
Avoir la possibilité d'une vie confortable.	Utiliser toute leur énergie pour survivre. Travailler dur pour obtenir le juste nécessaire.

RÉFLEXION INDIVIDUELLE

Où vous situez-vous dans ces descriptions des gens qui ont le plus ou le moins de pouvoir ?

3. Ce que dit la Bible sur l'injustice (20 MIN)

Dieu nous appelle à lutter contre les injustices, chaque fois que nous en constatons. Tout être humain est créé à l'image de Dieu et doit être traité équitablement et avec respect.

DISCUSSION EN PETIT GROUPE

Lisez ces passages bibliques et discutez : Que ressent Dieu devant l'injustice :

Proverbes 17.15   *Psaume 89.14*
Proverbes 6.16–19   *Actes 10.34–35*
Exode 3.7–10   *Amos 5.14–15*

Partagez les réponses dans le grand groupe et complétez avec les éléments ci-dessous s'ils n'ont pas été mentionnés :

La justice est un thème important dans la Bible. Dieu entend les cris du pauvre. Il déteste l'injustice (*Proverbes 6.16–19 ; 7.15*). Il envoie quelqu'un au secours des opprimés (*Exode 3.7-10* ; *Psaume 89.15*). Dieu aime et accueille tous et toutes sans exception (*Actes 10.34-35*). Il veut que nous suivions son exemple (*Amos 5.14-15*).

En Ésaïe *61.1-2*, nous lisons comment Dieu guérit ceux qui ont le cœur brisé et les console quand ils sont en deuil. Le passage continue en les comparant à des arbres qui, lentement, croissent et prennent de la vigueur, et servent à rebâtir des villes.

> *Alors on les comparera à des arbres qui honorent Dieu,*
> *à une plantation qui montre la gloire du* SEIGNEUR.
> *Ils relèveront les murs écroulés d'autrefois,*
> *ils reconstruiront les maisons détruites depuis longtemps.*
> *Ils redresseront les villes démolies,*
> *ce qui est resté en ruines pendant plusieurs générations. (Ésaïe 61.3b-4)*

Servir ceux qui souffrent, c'est servir le Christ (*Matthieu 25.31-46*). C'est là le comportement qui plaît à Dieu (*Ésaïe 58.6-12*).

DISCUSSION EN PETIT GROUPE

Comment voyez-vous le mauvais usage du pouvoir dans ces passages ?

Matthieu 14.6-10   *Exode 5.6-14*
2 Samuel 11.1-17

Partagez les réponses dans le grand groupe.

---

4. Se préparez à aider (20 MIN)

Les sociétés ne changent pas rapidement, et il peut être dangereux de transformer le statu quo. Les gens qui bénéficient de la situation telle qu'elle est peuvent combattre en retour. Nous devons nous préparer à un effort de longue durée, en connaissance de cause et patiemment (*Proverbes 19.2*).

Pour commencer, nous devons demander à Dieu de nous aider à être attentifs aux gens qui souffrent de l'injustice autour de nous. Cela peut être plus difficile que ce que nous pensions ! Notre société peut :

- Avoir écarté de notre perspective les personnes subissant une injustice, soit en les tuant, soit en les déplaçant hors de notre vue.
- Les avoir obligés à agir comme nous en renonçant à leur mode de vie (vêtement, langue, culture) au moins en public.
- Ne pas les considérer comme des personnes qui comptent pour la société (*Luc 10.31-32*). Ils peuvent être considérés comme exotiques et intéressants, comme un décor dont nous prenons des photos, ou encore nous pouvons les considérer comme des machines qui exécutent des tâches pour nous.

Il est possible que nous ne les regardions pas réellement comme des êtres humains pleinement créés à l'image de Dieu. L'injustice peut être admise comme normale (« Ici, la vie c'est comme ça »).

DISCUSSION EN PETIT GROUPE

Qui souffre de l'injustice dans votre communauté ? Demandez à Dieu de vous ouvrir les yeux pour être capables de voir ces personnes.

DISCUSSION EN PETIT GROUPE

Divisez les participants en groupes, en fonction de leur Église, de leur ministère ou de leurs intérêts, et discutez sur ces questions :

1. Quelles choses dans notre société rendent la vie plus difficile pour ce groupe ?
2. Qui d'autre interagit avec ce groupe – à l'échelon local, national ou mondial ?
3. Avec lesquels de ces groupes correspondants pouvez-vous travailler ? Vous ne pouvez pas lutter seuls contre l'injustice.
4. Quelle est votre rôle ? Discernez où Dieu vous appelle. Vous ne pouvez pas tout faire.

Partagez les réponses dans le grand groupe.

5. Entrer en action (10 MIN)

DISCUSSION EN PETIT GROUPE

1. Comment pouvez-vous aider à promouvoir la justice ?
2. Comment pouvez-vous faire cela en manifestant du respect et en accordant du pouvoir aux personnes, plutôt qu'en leur donnant l'impression d'être des victimes sans défense ?

Partagez les réponses et complétez avec les éléments ci-dessous s'ils n'ont pas été mentionnés :

- **Prise de conscience :** Mettez au point un plan pour parler du problème, pour susciter une prise de conscience, pour donner aux sans-voix le moyen de se faire entendre. Cherchez les moyens d'amener des changements dans les structures qui perpétuent l'injustice : logement, éducation, services médicaux, vote, etc.

- **Accompagnez les plus vulnérables pour qu'ils accèdent à une aide :** Mettez-les en contact avec les ressources existantes.
- **Sécurité :** Réfléchissez aux conséquences possibles de votre action tant pour les victimes que pour leurs défenseurs.
- **Communauté :** Aidez les victimes à faire partie d'une communauté. Par exemple, les personnes sortant de prison ont besoin d'un logement et d'un travail. Elles ont besoin d'apprendre comment se comporter avec succès dans la société. L'Église peut jouer ce rôle de communauté

6. Exercice final (5 MIN)

Quand vous pensez aux actions que vous voudriez mener, quels défis anticipez-vous ?

Priez ensemble pour demander l'aide de Dieu et pour ceux qui subissent des injustices.

Cérémonie de clôture pour les sessions de formation

Préparez des projets pour utiliser ces leçons avec ceux et celles qui ont déjà terminé le programme de *Guérir les Traumatismes*. Partagez vos projets avec le groupe.

Ensuite, envoyez les facilitateurs en mission, selon ce qui est suggéré ci-dessous :

Présentation des candidats par le facilitateur principal à l'officiant (prêtre ou pasteur)

Facilitateur principal : Ministre du Seigneur, je vous présente ces personnes qui ont été formées pour œuvrer à la guérison des traumatismes fondée sur la Bible, afin qu'elles soient envoyées en mission pour servir le Christ et son Église dans le ministère de guérison des traumatismes.

Prêtre/pasteur : Vous êtes-vous assuré que ces personnes, que vous me présentez pour être envoyées en mission, ont été formées et pleinement qualifiées et qu'elles désirent servir le Christ et son Église ?

Facilitateur principal : Nous les avons formées et examinées, nous avons jugé qu'elles sont dignes d'être envoyées en mission

Prêtre/pasteur : [*aux responsables d'Église et aux autres personnes présentes*] : Vous qui êtes rassemblés ici, voulez-vous que ces personnes soient envoyées en mission pour servir le Christ et son Église ?

Tous : Oui, nous le voulons.

Prêtre/pasteur : [*aux candidats*] : Vous, qui avez été formés et examinés et qui êtes maintenant présentés afin d'être envoyés en mission pour servir le Christ et son Église, je vous le demande, en présence de Dieu et de son Église, et en présence de cette communauté réunie : vous devez déclarer de vos lèvres et de tout votre cœur votre fidélité au Christ qui vous a appelés à ce ministère. Répondez maintenant aux questions que je vous pose :

Prêtre/pasteur : Voulez-vous diriger des sessions pour guérir les traumatismes dans l'Église du Christ partout où vous serez appelés par l'Église et ses responsables ?

Candidats : Oui, nous le voulons, que Dieu nous soit en aide.

Prêtre/pasteur : Voulez-vous prier pour le corps du Christ et le soutenir, au moyen du ministère de guérison des traumatismes, en particulier les isolés, les veuves, les orphelins, les plus faibles, et tous ceux ou celles qui ont besoin de faire l'expérience de l'amour de Dieu quand ils ou elles vivent des situations difficiles ?

Candidats : Oui, nous voulons prier pour eux et les soutenir, que Dieu nous soit en aide.

Prêtre/pasteur : Voulez-vous vous efforcer d'être de bons intendants de la création de Dieu, et de prendre soin des personnes vers lesquelles vous serez envoyés ?

Candidats : Oui, nous voulons nous efforcer d'agir ainsi.

Prêtre/pasteur : Père céleste, nous prions pour tes serviteurs et tes servantes que nous envoyons maintenant en mission pour servir en tant que facilitateurs pour guérir les traumatismes dans l'Église du Christ. Que ta main paternelle soit toujours sur eux/elles, afin que leur ministère réponde aux besoins de ton peuple qui a vécu des situations difficiles, et que ton peuple reçoive la guérison pour la gloire de ton nom. Que ton Esprit Saint les guide en tout temps ; qu'il les conduise à reconnaître ton appel sur leur vie et à lui obéir ; qu'ils trouvent un accomplissement dans ce travail et dans leur propre vie par le Christ, qui vit et règne avec toi pour toujours. *Amen.*

Le Seigneur bénit et garde chacun et chacune d'entre vous, afin que vous demeuriez des serviteurs et des servantes fidèles selon votre promesse. Que la bénédiction de Dieu Tout-Puissant, Père, Fils, et Saint Esprit, soit sur vous maintenant et toujours. *Amen.*

Distribution des certificats

Prière finale et bénédiction

Ressources

1. Lutter avec Dieu

Gutierrez, Gustavo. *On Job: God-Talk and the Suffering of the Innocent.* Maryknoll, NY: Orbis, 1987.

Katangole, Emmanuel. *Born from Lament: The Theology and Politics of Hope in Africa.* Grand Rapids, MI : Eerdmans, 2017.

O'Connor, Kathleen. *Jeremiah : Pain and Promise.* Minneapolis, MN: Fortress Press, 2011.

Africa Study Bible, notes to the book of Job. Oasis International Ltd, 2016.

2. Le bien et le mal

Plantinga, Cornelius. *Not the Way It's Supposed to Be: A Breviary of Sin.* Grand Rapids, MI: Eerdmans, 1996, 158–162.

Adams, Marilyn McCord. *Horrendous Evils and the Goodness of God.* Ithaca, NY: Cornell University Press, 2000.

Volf, Miroslav. *Free of Charge: Giving and Forgiving in a Culture Stripped of Grace.* Grand Rapids, MI: Zondervan, 2005, pp. 95–96.

Lewis, C. S. *Mere Christianity.* New York, NY: HarperOne, 2001, pp. 42–46.

3. Traumatisme et bénédiction transgénérationnels

Healing the Wounds of Generational Trauma: The Black and White American Experience. Philadelphia, PA: American Bible Society, 2021.

Jennings, Willie James. *The Christian Imagination: Theology and the Origins of Race.* New Haven, CT: Yale University Press, 2010.

Laurence J. Kirmayer, Gregory M. Brass, Tara Holton, Ken Paul, Cori Simpson, and Caroline Tait. *Suicide among Aboriginal People in Canada.* Ottawa, Ontario: Aboriginal Healing Foundation, 2007. www.ahf.ca.

4. La honte et la culpabilité

Thompson, Curt. *The Soul of Shame: Retelling the Stories We Believe About Ourselves.* Chicago, IL: InterVarsity Press, 2015.

———. *Anatomy of the Soul: Surprising Connections between Neuroscience and Spiritual Practices That Can Transform Your Life and Relationships.* Chicago, IL: Tyndale, 2010.

Langberg, Diane. *Suffering and the Heart of God: How Trauma Destroys and Christ Restores.* Greensboro, NC: New Growth Press, 2015.

Langberg, Diane Mandt. *Counseling Survivors of Sexual Abuse.* Xulon Press, 2003.

Scazzero, Peter. *The Emotionally Healthy Church: A Strategy for Discipleship That Actually Changes Lives.* Grand Rapids, MI: Zondervan, 2010.

Flanders, Christopher L. *About Face: Rethinking Face for 21st Century Mission.* Eugene, OR: Pickwick, 2011.

de Silva, D.A. "Honor and Shame." In *Dictionary of New Testament Background,* edited by Craig A. Evans and Stanley E. Porter, 518–22. Downers Grove, IL: InterVarsity, 2000.

de Silva, D.A. *Honor, Patronage, Kinship & Purity: Unlocking New Testament Culture.* Downers Grove, IL: InterVarsity Press, 2000.

de Silva, D.A. *The Letter to the Hebrews in Social-Scientific Perspective.* Vol. 15. Cascade Companions. Eugene, OR: Wipf and Stock Publishers, 2012.

Adams, Marilyn McCord. *Horrendous Evils and the Goodness of God.* Ithaca, NY: Cornell University Press, 2000.

Lau, Te-Li. *Defending Shame: Its Formative Power in Paul's Letters.* Grand Rapids, MI: Baker Academic, 2020.

Brené Brown, « Listening to Shame ». https://www.ted.com/talks/brene_brown_listening_to_shame?language=en

5. Utiliser nos émotions pour notre bien

Lerner, Harriet. *Why Won't You Apologize: Healing Big Betrayals and Everyday Hurts.* New York, NY: Touchstone, Simon and Schuster, 2017.

McCombs, Margi, James Covey, and Kalyn Lantz. *Healing Teens' Wounds of Trauma: How the Church Can Help Facilitator Guide,* Philadelphia, PA: American Bible Society, 2017, 37–44.

Elliot, Matthew. *Faithful Feelings: Rethinking Emotion in the New Testament.* InterVarsity UK/Kregel, 2006.

Thompson, Curt. *The Soul of Shame: Retelling the Stories We Believe About Ourselves.* Chicago, IL: IVP, 2015.

———. *Anatomy of the Soul: Surprising Connections between Neuroscience and Spiritual Practices That Can Transform Your Life and Relationships.* Chicago, Il: Tyndale, 2010.

Activity: Feelings map of your "house"/self https://www.youtube.com/watch?v=gm9CIJ74Oxw

Hart, Archibald. *The Anxiety Cure: You Can Find Emotional Wholeness and Tranquility.* Nashville, TN: Thomas Nelson, 2001.

Brain video: https://www.youtube.com/watch?v=gm9CIJ74Oxw

6. Les dialogues difficiles

Healing the Wounds of Trauma Advanced Facilitator Handbook, 2016 version on interpersonal conflict

Patterson, Kerry, Joseph Grenny, Ron McMillan, and Al Switzler. *Crucial Conversations: Tools for Talking When Stakes Are High.* 2nd ed. McGraw Hill, 2011.

Stone, Douglas, and Sheila Heen. *Thanks for the Feedback: The Science and Art of Receiving Feedback Well.* London, UK: Penguin, 2014.

7. Vivre en paix avec les autres

Volf, Miroslav. *Exclusion and Embrace.* Nashville, TN: Abingdon Press, 1996.

———. *Free of Charge: Giving and Forgiving in a Culture Stripped of Grace.* Grand Rapids, MI: Zondervan, 2005.

———. *The End of Memory: Remembering Rightly in a Violent World.* Grand Rapids, MI: Eerdmans, 2006.

Lerner, Harriet. *Why Won't You Apologize: Healing Big Betrayals and Everyday Hurts.* New York, NY: Touchstone, Simon and Schuster, 2017.

Tutu, Desmond, and Mpho Tutu. *The Book of Forgiveness.* San Francisco, CA: Harper One, 2015.

Lazare, Aaron. *On Apology.* Oxford, UK: Oxford University Press, 2004.

8. Trouver le but de notre vie

Sayers, Dorothy. "Why Work?" In *A Christian Basis for the Post-War World.* England: S.C.M. Press, 1942.

Thompson, Curt. *The Soul of Shame: Retelling the Stories We Believe About Ourselves.* Chicago, IL: IVP, 2015.

———. *Anatomy of the Soul: Surprising Connections between Neuroscience and Spiritual Practices That Can Transform Your Life and Relationships.* Chicago, IL: Tyndale, 2010.

Mollica, Richard. *Healing Invisible Wounds: Paths to Hope and Recovery in a Violent World.* Nashville, TN: Vanderbilt University Place, 2008.

Scazzero, Peter. *The Emotionally Healthy Church: A Strategy for Discipleship That Actually Changes Lives.* Grand Rapids, MI: Zondervan, 2010.

Hart, Archibald. *Adrenaline and Stress: The Exciting New Breakthrough That Helps You Overcome Stress Damage.* Nashville, TN: Thomas Nelson, 1995.

Buchanan, Mark. *The Rest of God: Restoring Your Soul by Restoring Sabbath.* Nashville, TN: Thomas Nelson, 2007.

Barton, Ruth Haley. *Invitation to Solitude and Silence: Experiencing God's Transforming Presence.* IVP, 2010.

9. Militer pour la justice

Haugen, Gary. *The Locust Effect.* Oxford, UK: Oxford University Press, 2014.

Stevenson, Bryan. *Just Mercy: A Story of Justice and Redemption.* Spiegel & Grau, 2014.

Schreiter, Robert. *The Ministry of Reconciliation: Spirituality and Strategies.* Maryknoll, NY: Orbis, 1998.

O'Connor, Kathleen. *Lamentations and the Tears of the World.* Maryknoll, NY: Orbis, 2002.

Remerciements

La vision développée dans cette série de leçons est venue de Katherine Barnhart. Elle a été en contact avec des groupes d'accompagnement pour les victimes de traumatismes dans de nombreuses régions du monde. Ces groupes avaient grandi et mûri grâce à leur travail en commun à partir de *Guérir les Traumatismes*. Ils souhaitaient continuer à se rencontrer et à approfondir ensemble leur travail de guérison des traumatismes. Katherine a cherché à découvrir quelque chose qui lui semblerait répondre à cette aspiration, mais elle n'a rien trouvé. Grâce au soutien financier accordé par Grove Foundation à l'Alliance Biblique Américaine, le travail sur ce projet a démarré.

En 2018, Harriet Hill a rassemblé les grandes lignes d'une série de sujets. Ensuite, un petit groupe, composé de Godfrey Loum, Uwingeneye Baraka Paulette, Charles Adu Twumasi, Margaret Hill, s'est retrouvé avec elle à Nairobi pour décider des sujets des leçons et pour les développer. Pendant l'année qui a suivi, Harriet Hill a travaillé à partir de cette base et a terminé une première esquisse des leçons. Plusieurs facilitateurs expérimentés en guérison des traumatismes ont aidé à écrire et adapter les histoires de vie. Des membres du Conseil Consultatif de l'Institut de Guérison des Traumatismes, Dr Richard Winter, Dr Richard Baggé et Dr Phil Monroe ont donné leur avis dans une perspective psychologique, ainsi que Peter Edman et Jeff Jue dans une perspective biblique.

En octobre 2019, un groupe de 30 facilitateurs venus du monde entier se sont retrouvés à Philadelphie pour tester les leçons. Ce groupe et plusieurs membres de Trauma Healing Alliance se sont mis d'accord pour les essayer dans leur pays et pour les traduire dans leur langue là où c'était nécessaire. En mars 2020, les retours de groupes ayant fait les essais ont été reçus et intégrés dans la rédaction finale.

Les efforts, l'expertise et le travail ardu de nombreuses personnes se sont alliés pour produire *La Force qui naît de la Faiblesse*. Nos remerciements vont à ceux dont le nom a été cité, personnellement ou en groupe, et aussi à ceux qui n'ont pas été cités. Et par-dessus tout, notre reconnaissance va au conseil de la Bible, qui nous aide à traverser les traumatismes de telle sorte que nous pouvons nous rétablir et même nous épanouir.

À propos de l'auteur

Harriet Hill a exercé un ministère en tant que linguiste et traductrice de la Bible avec Wycliffe Bible Translators et SIL International de 1979 à 2010 ; elle a vécu en Afrique de l'Ouest pendant 18 ans. De 2010 à 2020 elle a été impliquée dans la Guérison des Traumatismes fondée sur la Bible et elle a exercé le ministère de rédactrice en chef des ouvrages de référence. En 2003, elle a terminé un Doctorat à Fuller Seminary. De 2010 à 2020 elle a travaillé sur la Guérison des Traumatismes avec l'Alliance biblique Américaine. Elle est l'auteur de nombreux livres et articles sur la traduction de la Bible, l'importance des Écritures bibliques dans notre vie, et la Guérison des Traumatismes. Elle poursuit l'épanouissement de son talent d'artiste.

www.ingramcontent.com/pod-product-compliance
Lightning Source LLC
Chambersburg PA
CBHW081559040426

42444CB00012B/3168